国宏智库青年丛书

新一轮农村土地制度变革

探索与思考

张义博◎著

中国社会科学出版社

图书在版编目（CIP）数据

新一轮农村土地制度变革：探索与思考 / 张义博著 .—北京：中国社会科学出版社，2021.10
（国宏智库青年丛书）
ISBN 978-7-5203-9222-8

Ⅰ.①新… Ⅱ.①张… Ⅲ.①农村—土地制度—经济体制改革—研究—中国 Ⅳ.①F321.1

中国版本图书馆 CIP 数据核字（2021）第 193117 号

出 版 人	赵剑英	
责任编辑	喻 苗	
责任校对	任晓晓	
责任印制	王 超	

出　　版	中国社会科学出版社	
社　　址	北京鼓楼西大街甲 158 号	
邮　　编	100720	
网　　址	http://www.csspw.cn	
发 行 部	010-84083685	
门 市 部	010-84029450	
经　　销	新华书店及其他书店	
印　　刷	北京明恒达印务有限公司	
装　　订	廊坊市广阳区广增装订厂	
版　　次	2021 年 10 月第 1 版	
印　　次	2021 年 10 月第 1 次印刷	
开　　本	710×1000　1/16	
印　　张	10	
字　　数	135 千字	
定　　价	56.00 元	

凡购买中国社会科学出版社图书，如有质量问题请与本社营销中心联系调换
电话：010-84083683
版权所有　侵权必究

自序

我出生于改革开放后的河南西部的一个小村庄,记忆深处依稀还记得分了新宅基地搬进新房的雀跃场景,直到上高中还时不时帮家里干些农活儿,深知土地就是农民的命根子。后来,村里的年轻人要不像我一样考学进城了,要不就早早毕业去南方打工了,村里闲置的农房越来越多。再后来,外乡有人租地种了葡萄,政府征地修了马路,只有老农民依然无法割舍掉自家的一亩三分地。赚了钱独立的年轻人虽然不少在县城买了房,但还是希望在村里有属于自己的新房子。乡村在城镇化大潮的裹挟下前行,早已变了样子,但是土地和房子依然是人们心中永远不变的乡愁。

"土地是财富之母",自古以来土地在经济社会中的核心地位就不曾动摇过。自1978年安徽凤阳小岗村18位农民签下"生死状"实施农村土地包产到户以来,土地制度改革始终是农业农村改革的重中之重,不仅重塑了农业生产关系,也左右了城乡融合发展进程。近年来,我国相继推出了农村土地承包经营权流转、承包地"三权分置"、农村"三块地"改革等重大改革部署,开启了新一轮土地改革浪潮。农村土地制度改革可谓"牵一发而动全身"的"牛鼻子",习近平总书记也强调"新形势下深化农村改革,主线仍然是处理好农民和土地关系"。未来农村土地制度改革的走向和深度,不仅决定了我国产权制度改革和要素市场化改革的进展,也必然深刻影响城乡关系和乡土社会。

新一轮农村土地制度变革
探索与思考

本书围绕农村土地制度改革中最核心的三块地——耕地、农村宅基地和农村集体经营性建设用地，全面梳理总结我国农村土地制度改革政策动向和各地探索实践，以产权、制度变迁、委托代理、土地发展权等理论为指导，力图用经典经济理论搭建理论分析框架，深刻剖析各类农地改革中存在的路径依赖困境、体制机制障碍和现实难点，也努力从实践中总结先行经验、梳理改革风险，为政府深入推进农村土地制度改革提供可操作的政策建议，为工商企业参与农村土地流转和建设用地开发提供可行的实施路径。

目前关于农村土地制度改革存在不少争议，本书试图寻找改革认知的最大公约数，在贯彻"四个坚持"（坚持和完善农村基本经营制度，坚持农村土地集体所有，坚持家庭经营基础性地位，坚持稳定土地承包关系）和"四条红线"（不能把农村土地集体所有制改垮了，不能把耕地改少了，不能把粮食生产能力改弱了，不能把农民利益损害了）的基础上，从更为客观的立场分析如何赋予农民更多土地财产权、如何促进农村土地资源优化配置等基本问题，尝试为政府、集体、农民和下乡工商资本等利益相关者提供一份令人满意的答卷。

不可否认，农村土地制度改革是一项复杂的系统工程，不仅涉及各方利益，还需要有完善的配套制度跟进。虽然本书各部分写作的时间跨度长达五年，总体上力求严谨周全，也尽可能从理论文献和实地调研中汲取智慧，但也只是零敲碎打，给出的"药方"仍不能保证"对症"，只盼能给关注相关问题的读者一点启发和收获。如有疏漏不当之处，恳望读者指正！

2020 年 2 月于北京家中

目录 Contents

第一章 中国农村宅基地制度变迁研究 // 1

一 引言 // 1
二 路径依赖与制度变迁：一个理论分析框架 // 3
三 农村宅基地制度历史变迁分析 // 5
四 当前地方政府农村宅基地制度变革实践分析 // 13
五 结论与展望 // 18

第二章 基于土地发展权的农村宅基地有偿退出机制研究 // 20

一 引言 // 20
二 农村宅基地发展权的理论分析 // 22
三 农村宅基地发展权的现实困境 // 24
四 农村宅基地发展权视角下的宅基地退出地方实践 // 26
五 英法美土地发展权实践 // 30
六 政策启示 // 35

第三章 中国农村宅基地有偿使用研究 // 40

一 引言 // 40
二 农村宅基地有偿使用实践 // 41
三 实施农村宅基地有偿使用面临的现实困境 // 46
四 实施农村宅基地有偿使用的合理性解释 // 48

五　实施农村宅基地有偿使用的前置条件与动力机制　// 51
　　六　推动农村宅基地有偿使用的思考　// 56

第四章　农村集体经营性建设用地入市研究　// 58

　　一　引言　// 58
　　二　农村集体经营性建设用地入市改革的湄潭样本　// 60
　　三　农村集体经营性建设用地入市面临的外部约束　// 66
　　四　基于农村集体经营性建设用地入市全过程的分析　// 72
　　五　深化农村集体经营性建设用地入市改革的思考　// 79

第五章　国内农村土地流转典型模式与经验借鉴　// 83

　　一　引言　// 83
　　二　农村土地流转模式的总体框架　// 85
　　三　农村土地流转组织模式及比较分析　// 87
　　四　农村土地流转补偿方式及比较分析　// 102
　　五　农村土地流转后经营方式及比较分析　// 105
　　六　农村土地经营权抵押贷款模式及经验借鉴　// 108
　　七　农村土地流转各类风险防控经验借鉴　// 114
　　八　启示与建议　// 120

第六章　工商资本下乡的土地风险和用地保障机制研究　// 126

　　一　引言　// 126
　　二　工商资本下乡用地的现状　// 127
　　三　工商资本下乡用地的争议　// 129
　　四　工商资本下乡用地遭遇三大政策困境　// 131
　　五　基于工商资本视角的土地风险分析　// 133
　　六　完善工商资本下乡土地风险防范和用地需求保障机制的思考　// 137

参考文献　// 141

第一章
中国农村宅基地制度变迁研究*

一 引言

农村宅基地作为我国农村居民的"安身立命"之所,在很长一段时间内很少涉及流转问题,但是随着我国城镇化水平的逐步提高,大量青壮年农村劳动力涌入城市就业,农村宅基地流转需求大量增加,农村宅基地流转限制的弊端开始显现,造成农村宅基地的大量闲置和低效配置,阻碍了农民财产性收入增长,农村宅基地流转问题正日益成为农村土地制度改革的当务之急。然而,农村宅基地制度何以演变至此?为何随着社会经济的发展反而越发滞后了?这不仅需要对新中国成立以来农村宅基地制度变化的历史脉络进行详细梳理,更要对农村宅基地制度变迁背后的作用机制进行深入分析,借此明晰当前农村宅基地制度路径锁定的深层次原因,为当前改革完善农村宅基地制度提供潜在路径和启示。

当前,已有大量的文献对新中国成立以来的农村土地制度进行了梳理和分析。王友明(2009)以中国农村土地产权制度的历史变迁为主线,分析了农村土地产权制度变迁的动因,但他的分析局限于土地产权的经济影响,缺乏对新中国成立以来政治、社会、意识形态等复杂背景的考虑,而且他的分析更多地偏向耕地制度,对农村宅基地制

---

* 该文的压缩修改稿已发表,具体参见张义博《我国农村宅基地制度变迁研究》,《宏观经济研究》2017年第4期。

度较少涉及。现有文献关于农村宅基地制度变迁的研究，大多集中在阶段划分上，不同学者基于不同的视角给出了差异明显的阶段论。例如，姜爱林、陈海秋（2007）从法律视角将农村宅基地制度划分为五个阶段，丁关良（2008）从产权视角将农村宅基地制度划分为四个阶段，此外，还有徐珍源、孔祥智（2009）的三阶段论和韩立达、李曼宁（2009）的两阶段论。然而，这些关于农村宅基地制度变迁的研究，大多仅限于依据一定标准的阶段划分，对于制度变迁的动力机制和背后的利益博弈较少涉及。罗瑞芳（2011）从制度变迁理论出发，分析了当前农民自发推动的诱致性制度变迁（房屋出租、小产权房等）和地方政府推动的强制性制度变迁（迁村并点、农村宅基地置换等）；朱新华等（2009）依托"外部利润—同意一致性—农村宅基地制度创新"这一逻辑主线，借用了制度外收益、利益集团理论，研究得出农村宅基地使用权流转是一种较优的政策选择。但是，这些关于现在和未来农村宅基地制度变迁的理论分析，一方面缺乏历史视野，无法探究农村宅基地制度变迁的历史进程及其原因；另一方面理论框架本身也存在诸多有待改进之处，无法准确揭示当前农村宅基地制度改革滞后的根源。

　　基于对已有文献的梳理，本章尝试搭建了一个路径依赖与制度变迁理论分析框架，并在梳理新中国成立以来农村宅基地法律法规的基础上，分析农村宅基地制度不同历史阶段的形成原因和阶段变迁的机制，还从当前农村宅基地制度的地方实践中获取未来农村宅基地制度变革的启示，希望能在以下几个方面丰富和完善已有研究：首先，建立更具现实意义和政治经济学含义的农村宅基地制度变迁理论分析框架；其次，不局限于农村宅基地制度变迁阶段划分研究，更多地从历史视角和搭建的理论框架分析每个历史阶段农村宅基地制度的形成和阶段间的变迁动因；最后，基于理论、历史和现状分析，对改革农村宅基地制度提供一定的政策启示。

二　路径依赖与制度变迁：一个理论分析框架

依据皮尔逊（2007）的路径依赖理论，制度惯性发挥作用需要借助于三要素：制度成本、适应性预期和利益群体。其中，制度的建立和运行都需要巨大的建设和维持成本，而且随着制度的延续，制度成本会累积式上升。制度还会用规则和文化来规范和诱导行为者的行动，行为者只有适应制度规则，才能从中获利，并在制度的"正反馈"经济激励中不断强化制度预期。此外，制度中的利益群体通过三种方式将权力的非对称性加以强化，即强制、诱导和潜化（李棉管，2014），[①] 利益群体还将具有共同目标的个人形成组织，不断强化对制度内人群的控制。但正如李棉管（2014）的分析，制度一旦形成就不可能是孤立的，它会内嵌于现有相关制度安排所搭建的框架之中，形成所谓的制度场域或诺斯所说的制度矩阵（2008），并借助于制度矩阵的范围经济和网络外部性使得制度变迁具有黏性，突出表现为制度场域会限制场域内单个制度的变迁，即便出现改变制度生存环境的情况，也大多只能实现边际变迁。与此同时，林毅夫在分析政策失败的原因时提及了意识形态刚性，国家或者统治者为使统治国家的交易费用下降，会在建立制度的同时发展并普及一套服务于他的意识形态。当制度不均衡出现时，为恢复均衡强制推行新的制度安排可能会严重削弱统治者权威和执政合法性，当权者因此有足够的动力来保持旧制度的延续。因此，制度变迁中的路径依赖是制度成本、适应性预期、利益群体、制度场域以及意识形态刚性综合作用的结果。

什么情形下才能发生制度变迁呢？按照林毅夫（1994）的观点，一方面是因为某种原有制度安排下存在无法得到的获利机会，这种获利机会是旧制度的不均衡产生的，人们为争取获利机会自发倡导和组

---

① 这里的强制指公开将偏好强加给他人，诱导指用主流话语来说明权力不平等是自由获取的必要条件，潜化是指意识形态控制（李棉管，2014）。

织实施对现行制度安排的变更或替代，创造新的制度安排，即所谓的诱致性制度变迁；另一方面是强制性制度变迁，即由政府命令和法律引入和实行，可以纯粹因在不同利益集团之间对现有收入进行再分配而发生，最有可能发生在利益集团的更替过程中。诺斯（2008）更为深入地分析了诱致性制度变迁的根源，认为制度外获利机会可能是由外部环境变化引起的，也可能是因为制度内政治和经济组织之间的内生竞争引起的，即新的政治或经济组织诞生，并在竞争中处于有利地位。至于强制性制度变迁，从理性统治者的角度来看，需要使统治者推行新制度产生的预期收益高于制度变迁产生的预期费用，而且还要克服意识形态变化可能产生的权威动摇风险。一旦新的制度建立之后，利益均衡也被确立，制度建立者随之会不断增加制度维护成本，让制度内行为者形成适应性预期。随着时间的推移，既得利益群体逐渐形成，并借助制度矩阵和意识形态控制再次陷入路径依赖"陷阱"，直至新的均衡被再次打破。

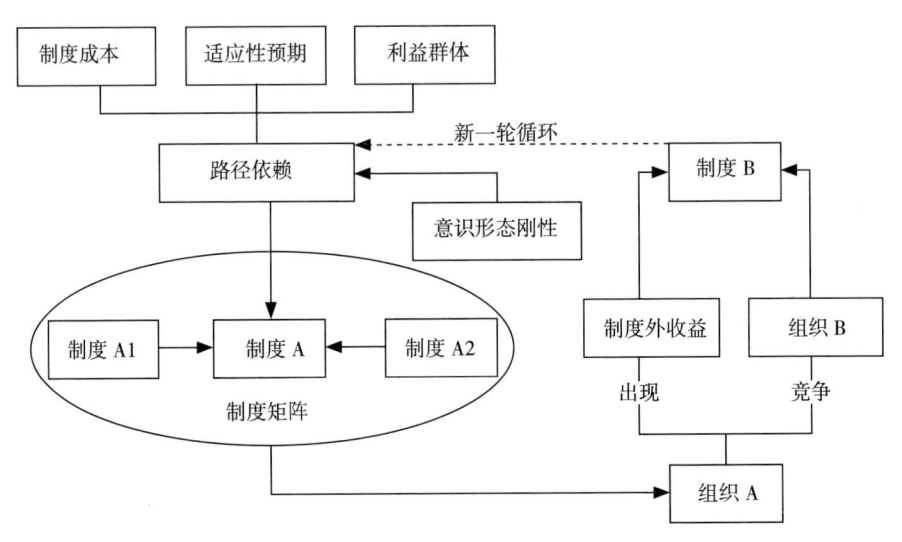

图 1-1 路径依赖与制度变迁机理图

三　农村宅基地制度历史变迁分析

新中国成立后,我国农村宅基地制度经历了从最初的自由流转到后期的限制流转的转变(见表1-1),其中有着复杂的历史背景和利益博弈。

(一)1949—1961年农村宅基地制度演进分析

该阶段农村宅基地制度为农民私有制,具有鲜明的市场化和自由流转特征。早在1947年中央就制定了《中国土地法大纲》,废除封建半封建的土地制度,实行耕者有其田的土地制度,赢得了广大农民的拥护,也是农民投入无产阶级革命的根本动力。新中国成立后,通过在全国范围内推进土地改革,确立了农民所有的土地制度,赋予了农民房屋及农村宅基地的私有权和财产权。其中,标志性事件是1950年中央人民政府颁布的《土地改革法》明确规定:"土地改革完成后,由人民政府发给土地所有证,并承认一切土地所有者自由经营、买卖及出租其土地的权利。"

表1-1　新中国成立后农村宅基地制度的演变

时期	农村宅基地产权及流转制度规定		法律法规依据
1949—1961年	农村宅基地归农民私人所有,农村宅基地及农户房屋可以自由流转	农村宅基地归农民私人所有,农民拥有农村宅基地和房屋所有权,农村宅基地及地上房屋可以自由买卖、出租、赠与、典当及继承等。	1950年《土地改革法》、1954年《宪法》
1962—1981年	农村宅基地归集体所有,农户房屋可以自由流转	农民可以原始取得农村宅基地使用权,确立"地随房走"原则,农村宅基地不准出租和买卖,社员有买卖或租赁房屋的权利。	1962年《农村人民公社工作条例修正草案》、1963年《关于各地对社员宅基地问题作一些补充规定的通知》
1982—1997年	农村宅基地归集体所有,农民和城镇居民均可取得农村宅基地使用权	农民和城镇居民都可以原始取得农村宅基地使用权,农民有出卖、出租房屋的权利。	1982年《村镇建房用地管理条例》、1986年《土地管理法》、1991年《土地管理法实施条例》

续表

时期	农村宅基地产权及流转制度规定	法律法规依据
1998年至今	农村宅基地归集体所有，农村宅基地流转受到严格限制，农户房屋流转也受到限制	农村宅基地仍归集体所有，农村宅基地使用权人必须是本集体经济组织成员，农村宅基地使用权不得向本集体经济组织以外的成员转让，禁止城镇居民在农村购买农村宅基地、农民住宅或"小产权房"。	1998年《土地管理法实施条例》、1999年《土地管理法》、1999年5月《关于加强土地转让管理严禁炒卖土地的通知》、2007年《物权法》

资料来源：根据历年相关法律法规整理而得。

在这一阶段，新的政治和经济组织借助于国家力量，推行了强制性制度变迁——土地改革，近三亿无地少地的农民，分到了七亿亩土地、大量生产工具和房屋，这不仅是以农民为主体的利益集团替代旧有资本家和地主利益集团的显性表现，也是新生政权为做出巨大贡献的农民群体的回报，也极大地巩固了新生政权。农民在农村宅基地私有制下，逐渐形成了自由处置农村宅基地的适应性预期，成为最大的既得利益群体，[①] 但是农村土地私有制与执政者的马列主义公有制意识形态明显不符，而且农村土地私有制容易产生农村两极分化。所以，早在1950年共产党内领导层之间就围绕农民个体经济发生了激烈争论，毛泽东选择支持发展互助合作运动，党的政策也从农村土地自由交易转向有限制交易。首先是互助组内限制土地买卖、出租，1953年开始对农村党员买卖、出租土地行为进行限制（张静，2008）。因此，执政阶层从一开始就对维护农村土地私有制有所保留，不仅在意识形态领域逐步修正私有制，还在实践中逐步削弱土地私有权和财产权，这为下一阶段限制农村宅基地流转埋下了伏笔。但是，新中国成立

[①] 基于奥尔森《集体行动的逻辑》的发现，相对较小的集体具有更大的有效性（奥尔森，1995），而我国农民数以亿计，在缺乏有效农民自组织的情况下，农民集体行动获取和维护收益的努力非常低效，这也决定了人民公社运动之后农民权益逐渐丧失的结果。

初期新中国正面临西方国家封锁、抗美援朝战争爆发、台海紧张对峙等一系列严峻威胁，出于政权稳定性的需要，该阶段亟须获得广大农民的支持和拥护，农村土地政策因此也相对开明，尊重了农民群体利益，再加上农村宅基地的经济影响较小，所以直到1956年全国人大常委会颁布《高级农业合作社示范章程》，仍然规定"社员原有的坟地、房屋地基不入社"，等于保持了农村宅基地的农民私有权不变。

（二）1962—1981年农村宅基地制度演进分析

该阶段农村宅基地从农民私有制转变为农民只享有农村宅基地使用权，正式文件虽然允许农民进行房屋交易（见表1-1），但在人口流动限制和商品经济消亡的计划经济背景下，实际交易范围和交易收益均极为有限，[①]农村宅基地制度表现出典型的计划经济和流转受限特征。其中，标志性事件是1962年党的八届十中全会通过了《农村人民公社工作条例修正草案》，规定"生产队范围内的土地，都归生产队所有。生产队所有的土地，包括社员的自留地、自留山、农村宅基地等等，一律不准出租和买卖"，"社员有买卖或者租赁房屋的权利"。这意味着农民对农村宅基地所有权转变为使用权，但农民名义上依然享有买卖、租赁房屋的权利。1963年中共中央颁布《关于各地对社员宅基地问题作一些补充规定的通知》，进一步明确"社员的农村宅基地，包括有建筑物和没有建筑物的空白农村宅基地，都归生产队集体所有，一律不准出租和买卖"。"社员有买卖或租赁房屋的权利。房屋出卖后，农村宅基地的使用权随之转移给房主，但农村宅基地的所有权仍归生产队所有"，1963年规定第一次使用了"农村宅基地使用权"，

[①] 一个特殊情形是知识青年上山下乡运动。据统计，"文革"中上山下乡知识青年总人数达1600多万人，十分之一城市人口来到农村，这势必大幅增加农村住房需求，但是当时农村宅基地和住房分配的计划性特征决定了农民既无话语权和处置权，也不可能从中获利。

也确立了"地随房走"的原则。

　　此阶段随着社会主义政权的巩固，新中国成立以来"左"的倾向越发严重，包括四清运动（1963—1966年）、农业学大寨（1963—1976年）、"文化大革命"（1966—1976年）等以阶级斗争为纲的政治运动接踵而至，平均主义为特征的社会主义公有制意识形态不断得到强化，任何以获得个人私利为目的的商品交易均被禁止，彻底打破了新中国成立初期农村宅基地农民私有权形成的制度成本和适应性预期。农民对农村宅基地的私有权在政治运动中被剥夺，农村宅基地集体所有制被明确下来。农村宅基地完成了从农民私有制到集体所有制的强制性制度变迁，农村土地收益发生重大再分配。国家借助农村土地集体所有制改造，为优先发展重工业获得了原始资本积累，使得农业和农村财富向工业和城市集中，有助于应对当时恶劣的国内外形势。而且，在国家力量的推动下，为形成和维护农村宅基地集体所有制的一系列配套制度逐渐形成并巩固。例如，1964年公安部对户口迁移提出了两个"严加限制"，[①] 农村居民迁徙自由被彻底剥夺，农村宅基地的"安身立命"功能得到强化，农民从此无法也不敢轻易买卖农村宅基地和房屋。

（三）1982—1997年农村宅基地制度演进分析

　　该阶段农村宅基地延续了集体所有制和农民使用权制，但对农村宅基地和房屋的交易对象开始放松，具有典型的市场化复苏和流转宽松特征。其中，标志性事件是1982年国务院颁布《村镇建房用地管理条例》，规定"农村社员，回乡落户的离休、退休、退职职工和军人，回乡定居的华侨，建房需要农村宅基地的，应向所在生产队申请……

[①] 两个严加限制即为对从农村迁往城市、集镇的要严加限制，对从集镇迁往城市的要严加限制。

报公社管理委员会批准……批准后，由批准机关发给农村宅基地使用证明"，该规定实际上首次明确了非农户口的城镇居民也可以取得农村宅基地使用权。1986年《土地管理法》对城镇居民取得农村宅基地作了更为宽松的规定，将1982年《村镇建房用地管理条例》允许取得农村宅基地的几类城镇居民放宽到城镇非农业户口居民（张云华等，2011）。随着改革开放的推进，农民收入增加催生了建房热，农村宅基地制度又一创新性举措应运而生，即1990年《国务院批转国家土地管理局关于加强农村宅基地管理工作请示的通知》，规定"进行农村宅基地有偿使用试点"，"对现有住宅有出租、出卖或改为经营场所的，除不再批准新的宅基用地外，还应按其实际占用土地面积，从经营之日起，核收土地使用费"。

改革开放后，为激活处于崩溃边缘的农村经济，率先在农村进行了市场化改革，与耕地制度变革相对应的农村宅基地制度也做了微调，城镇居民也可原始取得农村宅基地，并能通过买卖房屋获得农村宅基地使用权。可见，此时对农村土地制度的调整，是对农民权益长期被压制的反向回馈，不仅是出于提高农民待遇的考虑，更重要的在于维护政权的稳定性，使改革开放获得更广泛的民意支持。然而，社会主义公有制为主的经济制度和意识形态并没有大的变化，所以农村宅基地制度改革仅为边际创新，大的制度框架并没有实质性变化。同时，城市居民独享的福利分房、公费医疗、商品粮等差异化配套制度，形成了强大的制度矩阵，巩固了城乡二元体制，即便此时商品经济得以复苏，流转宅基地和房屋有了一定收益，但巨大的城乡待遇差距杜绝了城镇居民自愿下乡购置农村宅基地和房屋的可能性，只有少部分城镇居民返乡取得农村宅基地，绝大多数城镇居民到农村购置农村宅基地和农村住房的意愿并不强烈。因此，即使放宽农村宅基地原始取得对象到城镇非农户口居民，也不会对农村宅基地农民使用权制度有大的挑战。由于农村宅基地和农户房屋的交易量极为有限，农民突破现有制度能够获得的制度外收益也很小,[①]农村宅基地制度路径依赖性特征也就十分明显。然而,不可否认的是该阶段相对宽松的农村宅基地流转规定顺应了市场化改革的方向,是当时"左"倾意识形态解放和改革派力量崛起的产物,尤其是农村宅基地有偿使用试点意义重大,它是无偿分配的农村宅基地市场化交易的前提,[②]虽然该试点的初衷是控制改革开放后农民建房热产生的乱占耕地问题,[③]但这一举措依然为今后农村宅基地制度改革提供了很好的历史借鉴。[④]

(四)1998年之后农村宅基地流转制度演进分析

该阶段农村宅基地继续保持集体所有制和农民使用权制度,对农民房屋的交易对象开始进行严格限制,取消和禁止城镇居民购买农村宅基地和农村房屋,具有典型的管制性和限制流转特征。其中,标志性事件是1998年,全国人大常委会通过《土地管理法》,规定"农民集体所有的土地的使用权不得出让、转让或者出租用于非农业建设","农村村民一户只能拥有一处农村宅基地……农村村民出卖、出租住房后,再申请农村宅基地的,不予批准"。删除了有关城镇非农户口

---

① 虽然该阶段随着农村经济体制改革的推进,农民收入快速增长,改善住宿条件的建房需求日益增长,但农村宅基地的无偿分配方式决定了宅基地本身在农民内部并无太大经济价值。

② 依据相关法律法规,只有交付土地使用权出让金或者以转让、出租、抵押所获收益抵交土地使用权出让金,无偿划拨的国有土地才能转让、出租、抵押。无偿分配的农村宅基地与无偿划拨的国有土地并无二致,也只有通过有偿方式取得交易资格才能上市交易。

③ 据国家土地管理局在《关于加强农村宅基地管理工作的请示》中说明的政策出台背景,1985—1988年,全国农村建房占用耕地415万亩,占同期全国各项建设占用耕地数量的1/3。

④ 令人惋惜的是,该政策在1993年6月国务院召开的全国减轻农民负担工作电话会议上被取消了,但农村宅基地有偿使用试点在山东德州等地的成功表明这一创新举措具有可操作性。不得不说当前推进农村宅基地有偿使用的出发点已与先前存在巨大差别,现在是将其作为农村宅基地可以流转的前提,并通过流转激发农村宅基地潜在的巨大经济价值,它将足以覆盖农民理应承担的有偿使用成本。

居民可以使用集体所有土地建住宅的规定，国家自此开始逐步收紧农村住房的交易对象。1999年5月，国务院发布《关于加强土地转让管理严禁炒卖土地的通知》，要求"农民的住宅不得向城市居民出售，也不得批准城市居民占用农民集体土地建住宅，有关部门不得为违法建造和购买的住宅发放土地使用证和房产证"。该规定是首次明确禁止城市居民购买农村住宅。2007年，国务院发布《关于严格执行有关农村集体建设用地法律和政策的通知》，规定"农村住宅用地只能分配给本村村民，城镇居民不得到农村购买农村宅基地、农工贸住宅或'小产权房'。单位和个人不得非法租用、占用农民集体所有土地搞房地产开发"。同年，《物权法》虽然确立了农村宅基地使用权的用益物权属性，但也重申了农村宅基地只能在村集体内部流转，且不能用于抵押（张云华等，2011）。

农村宅基地和农户房屋何以在1998年之后被愈加限制流转了呢？这其中的代表性事件即为1998年国务院颁布《关于进一步深化城镇住房制度改革 加快住房建设的通知》，这一文件明确废止住房实物分配，标志着住房制度改革在全国范围内全面展开，中国从此步入商品房时代，城市用地开始大规模增长，[1]衍生出了数额巨大的土地财政收入。[2]这之前的1994年完成了中央和地方政府的分税制改革，土地财政收入成为地方政府事权大于财权压力下的第一选择，而地方政府

---

[1] 对1998年之后我国城市建成区面积增长率的计算发现，2000—2013年城市建成区面积年均增速为5.9%，高于此前单年的最高增速，尤其是2001—2005年我国城市建成区面积每年增速在7%以上，年均增长高达7.7%。虽然住房商品化政策对城市用地规模的影响有1年的滞后期，但后续影响非常明显。

[2] 按照李尚蒲、罗必良（2010）的研究，土地财政收入包含土地税收入（如城镇土地使用税、土地增值税、契税、房产税等十多个税种，该部分税收占地方财政收入的30%左右）、土地非税收入（如土地出让金，绝大多数归地方政府所有，该部分收入占地方财政收入的50%左右）和土地隐性收入（如以划拨、协议出让等非市场化方式供应土地，获得招商引资后的税收收入，以及通过各种地方土地运作机构，获得土地资产抵押贷款，该部分难以统计，但地方政府土地抵押贷款呈持续膨胀趋势）。

只有垄断建设用地一级市场，才能控制土地增值收益分配权。地方政府因此成为限制农村宅基地自由流转给城镇居民的直接获益者，[①]且改变现状的制度成本随着土地出让价格的不断上涨而上升。

与此同时，出于加快工业化、城镇化与现代化的现实需要，国家逐步放开农民流向城市的控制（何爱国，2009），20世纪90年代出现了大规模流动的"民工潮"，并持续扩张至21世纪，导致农村宅基地和房屋的大量闲置，保障了农村宅基地的向外供给，而且大量外来人口涌入城市周边地区和沿海经济发达乡镇，激发了上述地区农村宅基地需求，农村宅基地流转的外部环境基本形成。而且，在住房商品化和地方政府间工商业竞争的推动下，城市建成区面积和各类国有建设用地需求急剧膨胀，建设用地日渐成为稀缺资源，再加上土地财政与城市住宅价格上涨的螺旋循环，合力推动城市地价快速上升，最终形成城乡间建设用地和住宅价格的巨大差距。在巨大价差的刺激下，农村集体经济组织和农民有足够经济激励流转农村宅基地和房屋给城镇居民，城镇居民也有足够意愿购置农村宅基地和房屋，"小产权房"出现并大规模泛滥成为必然结果。[②]农村宅基地现已成为政府与广大农村居民利益博弈最为激烈的领域之一，最根本的原因正是诺斯所说

[①] 该判断可以从最重要的土地收益——土地出让金的收支情况得到进一步验证。根据财政部公布的2013年全国财政决算数据显示，2013年地方政府国有土地出让金收入决算数达39072.99亿元，比2009年增长38.6%，总额达到历史新高，占全国国有土地出让金总收入的99.8%，占地方财政本级收入的56.6%。不过不同层级的地方政府获取土地出让金收入的能力和分成比例是逐级下降，越是基层的政府获得的份额越小。还需要说明的是，少部分被征地农民也是获益者。根据计算，2013年，57%的国有土地出让金收入被用于征地和拆迁补偿支出、农村基础设施建设支出、补助被征地农民支出，但是由于土地用途和地区区域差异，补偿收益分配极度不均，城郊被征地农民获得了大多数补偿收益。即便如此，是否征地、何处征地、如何补偿、补偿多少更多的是由地方政府决定，农民并没有太多话语权。

[②] 基层政府的默认和支持也被普遍认为是小产权房泛滥的重要原因。如前分析，基层的乡镇政府从国有土地出让中获取的收益较小，就选择通过圈地、组建房产公司、与开发商利益交换等多种途径获取小产权房开发收益，以期在制度外收益中分一杯羹。所以从某种程度上说，基层政府也不希望农村宅基地自由流转。

的因为外部环境的变化导致制度外收益的出现。但是，中央政府出于节约集约用地、切实保护耕地、保障农村社会稳定等现实需要，不允许农村宅基地流转；地方政府作为直接获益者也有动力保持限制流转的现状；关乎切身利益的农民因为松散、缺乏代表其利益的经济组织而没有话语权，不具有推动现有制度变迁的能力。所以，农村宅基地制度陷入了路径依赖困境，与外部环境变化相配套的农村宅基地制度变迁并没有发生。

四 当前地方政府农村宅基地制度变革实践分析[①]

值得注意的是，进入21世纪以来，随着城市房地产和工商业发展对建设用地需求的不断增加，各地发展中面临的建设用地指标紧缺问题日益突出，许多地方政府不得不探索农村宅基地制度改革，寻求与村集体和农民一定的妥协，以缓和利益分配不均导致的紧张关系，尝试推进多种形式的农村宅基地流转。现有地方实践不仅是1998年以来农村宅基地制度演进的延续，也是新形势下农村宅基地制度变迁的多路径探索，为下一步农村宅基地制度变迁提供了启示。

（一）"农村宅基地换房"模式分析

2005年以来，天津、苏州、嘉兴等沿海发达地区相继开展"农村宅基地换房"模式，虽然各地在政策实施细节上略有差异，但是总的做法是相似的，即在农村宅基地流转中，农民把原有农村宅基地退回村集体组织，政府从财政上支持农村宅基地复垦，并通过土地整理（建新拆旧）、集约利用土地，获得建设用地指标（徐保根等，2011），农民在城镇或中心村换取新的住房。各地根据自身财政状况，还为换

---

① 关于地方政府农村宅基地制度变革实践的详细做法，参见张义博（2014）。

房农民提供就业岗位、购买养老保险等额外补偿。

显然,"农村宅基地换房"模式并不属于农村宅基地自由流转范畴,是政府主导下的农村宅基地有限流转模式,因为符合了国土资源部的城乡建设用地"增减挂钩"政策要求,所以与现有正式制度并不冲突。在"农村宅基地换房"模式流行的地区中,许多农民对农村宅基地的依赖程度低,尤其是城郊地区农民获得的补偿也较高,流转意愿较为强烈,而地方政府主导整个流转过程,享有对新增土地增值收益的绝对分配权,并能借助"农村宅基地换房"规模控制每年农村宅基地进入城镇建设用地规模,因此部分农民和地方政府实现了"双赢"。但是,在该模式下,农民丧失了农村宅基地流转之后增值利益分配的话语权,"农村宅基地换房"实施中监督和制约机制缺失,利益分配机制不明确,往往导致地方政府对农民农村宅基地补偿不足,相当一部分农民有被"双失地"和进一步"边缘化"的危险(银正宗,2011)。

(二)重庆"地票交易"模式分析

在重庆被确立为全国统筹城乡综合改革配套试验区的背景下,2008年重庆开始实施在城乡建设用地"增减挂钩"基础上的地票交易制度,核心是政府以户籍换土地,农民以土地换户籍,地票是纽带,即转户农民将闲置的农村宅基地等复垦为耕地,从而产生建设用地指标,并通过农村土地交易所面向社会公开交易,开发者通过竞标购入地票,农民和村集体获得地票交易收入。随后,开发者选择符合建设规划的耕地作为拟建设项目用地,政府运用征地补偿模式,将所选耕地转为城镇建设用地,并对该建设用地采用"招、拍、挂"方式取得城市国有土地使用权,实现地票落地(王守军和杨明洪,2009)。

与"农村宅基地换房"模式相比,"地票"交易的基础也是城乡建设用地增减挂钩政策,政府在其中也居于主导地位。不同的是,地票交易可以实现市域内大面积、远距离用地置换，提升了远郊区县农村宅基地价值。农民可以从"地票模式"中获得地票交易纯收入、复垦新增耕地经营性收入、[①]复垦施工收入等，估算每亩综合收益10余万元，但是实际操作中农民的收益并没有得到充分保障。因为在地票交易中，卖方是政府成立的土地整理中心，买家为用地单位，在重庆多为政府投融资平台"八大投"，农民和农村集体经济组织均不直接参与地票交易，因此地票交易缺乏透明度。虽然重庆市政府多次重申地票交易纯收益（地票交易价扣除复垦成本）原则上85%归农户，15%归村集体，但农民实际获得的退地收益经常少于规定标准。而且，重庆地区转户农民自愿申请退出农村宅基地的比例不足5%，许多农民是被迫退出（杨仕省、高咏梅，2012）。所以，从目前实践来看，"地票交易"与"农村宅基地换房"并没有本质区别，仅仅是提高了新增建设用地指标交易的市场化水平，政府依然牢牢掌握新增土地增值收益的分配权，并通过限定地票交易规模控制每年农村宅基地进入城镇建设用地的规模，[②]以防止冲击城镇建设用地市场。

（三）成都"联合建房"模式分析

成都联合建房，简称"联建"，是指在汶川地震灾后重建中，灾区农民引入社会资金与他人合作建房或者他人独立完成房屋的重建，并约定农村宅基地使用权和房屋权益（章合运等，2010）。在"他人"的范围界定上并没有太多限制，本集体村民、外集体村民、城镇居民以及企事业单位均可。联建方可以获得土地用途为非住宅（包括商业、旅游业、服务业等）的集体建设用地使用证和房屋所有权证（简称"双证"），并可流通、买卖。正是借助于灾后重建的特殊背景和非单纯的

---

① 按照重庆市实践，复垦整理新增的耕地由原农村宅基地农民承包经营。
② 重庆的"地票"交易总量实行计划调控，原则上不超过当年国家下达的新增建设用地计划的10%。

经济利益考虑，①成都的"联建"模式大大突破了农村宅基地流转对象范围的限制，推动了农村宅基地流转模式创新。

按照章合运（2013）对联建房土地产权属性的界定，它既不是农村宅基地房，也不是城镇商品房，而是新型的城乡居民联合产权住房，而且与城镇联合建房有着根本的区别。后者属于合作开发城镇房地产，联建主体是特定的，一方必须为房地产开发商，涉及的土地使用权是国有土地使用权，而成都"联建"模式的开发主体是开放的，涉及的土地使用权为集体建设用地使用权。更为重要的是，成都"联建"模式开创了集体成员主导农村宅基地流转的模式。在成都灾后农村住房联建中，集体经济组织只是形式上的流转主体，通常不参与流转收益分配，流转定价和流转期限也主要由集体成员与受让方协商确定，地方政府与集体经济组织都不进行实质意义上的流转决策，只是通过提供联建协议示范文本、土地利用规划、审核联建申请等方式介入流转。所以，在成都"联建"模式下农村宅基地流转的主导权主要掌握在农户手中（张洪松，2010）。但是，根据国家相关法律法规，农民住房和农村宅基地使用权不能流转给本集体经济组织成员以外的居民，城镇居民更是被严格禁止购置农村住房和农村宅基地。成都"联建"模式下农村宅基地未经征用直接转为集体建设用地，对联建方无身份限制，并能取得联建房的"双证"，且可以流通买卖，存在明显的违法嫌疑（章合运，2013）。而且，成都"联建"模式并没有解决农村宅基地无偿划拨的福利属性与流转后级差土地收益之间的天然矛盾问题，也对农村宅基地和房屋的炒作风险缺乏防范机制。作为权宜之计，随着灾后重建工作的完成，其巨大的社会正外部性大幅减退，

---

① 2008年汶川地震共造成69227人死亡，是新中国成立以来破坏力最大的地震，也是唐山大地震后伤亡最惨重的一次，中央要求"三年重建任务两年基本完成"，纳入国家重建规划项目29700个，概算总投资高达8613亿元，四川省和成都市面临巨大的资金和政治压力，所以不能仅从地方政府经济收益角度考虑"联建"模式的出台动机。

最终促使"联建"模式被叫停。

（四）地方实践启示

从上述地方政府农村宅基地制度变革实践来看，除了"联建"模式外，并没有从根本上触及现有农村宅基地制度，地方政府作为既得利益群体，既不愿违背国家相关法律法规，也没有动力改变目前农村宅基地限制流转的现状，反而成为农村宅基地制度走向越发限制路径的推动者，消除农民可能获得的制度外收益并转为己有。[①] 因此，仅依靠地方实践很难有革命性突破，若想改变现状，根本途径是中央政府通过强制性制度变迁，修改相关法律法规，增加农村宅基地和住宅的流动性，真正建立起城乡统一的建设用地市场，使用国家力量对土地增值收益在政府、集体和个人之间进行重新分配，而这样做的根本理由是因为在当前经济增速放缓的新常态下，只有以土地为重要内容的生产要素市场化改革才能释放新的改革红利（王一鸣，2013），再加上未来一段时期内我国城镇化的发展，农村宅基地制度变迁产生的收益将高于成本，并通过让农村宅基地制度变革惠及广大农民，激活农村大量"沉睡资本"，实现农民"带资进城"目标，使农民成为新一轮改革的坚定支持者，同时也能够解决制度外收益引发的农村土地私下流转乱象，化解流转纠纷和社会冲突风险，避免意识形态变化可能产生的权威动摇风险。

然而，基于前述理论分析框架，当前还缺乏一个能代表农民群体利益的经济组织，散弱农民在农村宅基地流转中缺乏话语权和自主性，成都"联建"模式巨大的经济和社会效益表明农民应该在农村宅基地制度改革中有更大的声音。因此，可以在现有农村集体经济组织

[①] 这里隐含的一个假设前提是地方政府是经济理性的，这与当前对地方官员政绩考核更加偏向经济表现是一致的。如果对地方官员的政绩考核标准更加多元化，或许地方政府官员将有更大的动力推动农村宅基地流转。

的基础上，组建具有法人地位的普惠性农民经济组织，[①]也可以建立由政府引导并真正代表农民利益的类似于日本或我国台湾的农协。新组织的出现能与中央政府推动的强制性制度变迁相协调，遏制地方政府对农民权益的侵犯和无视，在农村宅基地制度变迁中更好地保障农民权益。

五 结论与展望

（一）主要结论

本书以路径依赖和制度变迁理论为基础，通过对新中国成立以来农村宅基地制度变迁的分析，研究发现：我国农村宅基地制度经历了从最初私有制下的自由流转到计划经济下的限制流转，再到改革开放后市场化改革下的宽松流转，再到当前限制流转四个阶段，市场与管制力量的角力贯穿始终，具有鲜明的多回合曲线演变轨迹。这其中随着社会主义公有制意识形态的确立，农村宅基地制度从农民私有制演变为集体所有制和农民使用权制，农村宅基地用益物权被不断弱化，农民从农村宅基地私有制自由流转下的最大受益者逐渐沦为限制流转下的最大受损者。目前农村宅基地制度已步入制度锁定的困境，虽有制度外收益的诱惑，但缺乏组织的农民无力挑战现有制度框架，地方政府获得土地增值收益的分配权，缺乏突破性改革动力，并且随着地价的提高，制度变迁成本被持续抬高。因此，较为可行的农村宅基地变迁路径即为中央政府推动下的强制性制度变迁，修改农村宅基地相关法律法规，赋予和保障农户农村宅基地完整的用益物权，真正建立

[①] 苏州、成都等地推行的农村股份合作社是一个很好的参考样本，将集体财产股份量化到人，建立董事会（或理事会）和监事会，用股权的经济激励调动社员的参与积极性，用现代法人制度保障集体权益的公平分配。

起城乡统一的建设用地市场，支持组建代表农民权益的经济组织。

（二）展望

党的十八届三中全会明确提出："保障农户宅基地用益物权，改革完善农村宅基地制度，选择若干试点，慎重稳妥推进农民住房财产权抵押、担保、转让……保障农民公平分享土地增值收益。"这表明农村宅基地制度新阶段即将到来，农村宅基地制度将步入市场化改革为特征的第五阶段。为尽早实现农村宅基地制度从第四阶段到第五阶段的变迁，农村宅基地制度改革需要明确启动条件，即推进农村宅基地市场化改革的前置任务：第一，建立更为严格的耕地保护制度和健全的农村居民社会保障制度，根除乱占耕地和农村社会不稳定因素，消除中央政府对农村宅基地改革的顾虑；第二，构建农村宅基地有偿使用制度，赋予无偿分配的农村宅基地商品属性，为其上市流转奠定合理性基础；第三，尽快完成农村宅基地和房屋的确权颁证工作，推动农村产权交易平台建设，为流转提供合法凭证和交易秩序。同时，充分借鉴城市保障性住房的管理办法，防范交易风险，形成可控性制度变迁路径。如赋予农民70年或99年农村宅基地使用权，有年限的农村宅基地使用权可以随着房屋的一起流转，并且只有交付集体土地出让金或农村宅基地使用费的宅基地才可以上市交易，新购置的农村宅基地和房屋还需要持有一定年限后才可再次流转，出售后的增值收益要在使用者、集体和政府之间进行分配。在此基础上，逐步放宽农村宅基地流转对象，先放宽到本县农民，再到本县、本市、本省，直至全国城乡居民。此外，给予地方政府利益补偿，改革财税制度，减轻地方政府事权的同时增加其财权，推动地方政府对存量土地和房屋征收物业税、房地产税等代替依靠增量土地征收的土地财政收入，降低农村宅基地制度变迁成本。

第二章
基于土地发展权的农村宅基地有偿退出机制研究

一 引言

土地发展权作为一项重要的制度创新,不仅是法学、经济学和管理学等理论界的研究热点,而且在发达国家的政策层面也受到高度重视,被认为是提高土地利用效率和实现土地收益分配公平的可行性举措。随着我国城镇化进程的不断推进,城镇建设用地紧缺与农村宅基地闲置的空间配置矛盾日益突出,农村宅基地流转意愿不高、流转利益分配不公、流转纠纷不断等问题亟待解决。因此,我国不妨借鉴西方土地发展权的理念和经验,在国家新型城镇化综合试点中建立基于农村宅基地发展权的有偿退出机制,这将有助于破除土地空间配置低效难题,促进农民财产性收入增长。

农村宅基地退出作为农村宅基地流转的前提条件,日益受到从政府到学者的普遍关注。现有研究非常关注农村宅基地退出的微观基础。其中,户主性别和年龄(严燕等,2012;王兆林等,2011)、户主受教育程度(刘斐等,2011)、政策认知度(赵强军和赵凯,2012)被认为可以显著影响农户退出土地的意愿,但可能受样本选取和实证分析方法差异的影响,这些结论并没有得到一致认可,不过家庭非农就业人数及收入、工作稳定程度和距离县城距离等因素被普遍认为能显著影响农户宅基地退出意愿(方静和陈荣清,2013)。而且,不同代际农民工的宅基地退出意愿影响因素也不同(许恒周等,2013)。从一定程度上说,农民退出宅基地的补偿诉求能否满足才是决定退出意愿的关键（张怡然等，2011；彭长生和范子英，2012）。与此同时，农村宅基地退出机制是解决我国农村宅基地低效利用的关键。罗伟玲和刘禹麒（2010）从产权角度出发，认为建立有效农村宅基地退出机制的前置条件是明确界定农村宅基地使用权能。欧阳安蛟等（2009）强调农村宅基地退出机制应以保障农户对宅基地的合法权益、不增加合法占用宅基地农户的经济负担为基本前提。何祖普（2013）更是将农村宅基地有偿退出机制确定为一个法律问题，提出修改完善《土地管理法》《物权法》等法律，增强农村宅基地退出的可操作性。周军辉等（2011）将宅基地退出对象分为面积超标、违法占用和一户多宅宅基地退出，城镇就业定居农户的合法宅基地退出，以及农户主动放弃宅基地的合法申请等三大类，每一种类型均提出针对性的宅基地退出补偿机制。张云华等（2011）提出严格限制退出主体条件的思想，出于全面放开农村宅基地退出可能引发流离失所问题，认为一户多宅或城镇有房产和稳定工作或收入来源，并自愿退宅且以后不再申请新宅的可以先行实施退出。但是，现有研究的微观主体过度局限于农户本身，显然农村宅基地退出不仅是农户意愿的问题。虽然几乎所有的学者都意识到了现实中最大的困境是法律限制，但是对突破法律束缚后如何推进并没有给出可供参考的具体思路。本章搭建了一个农村宅基地发展权理论分析框架，在借鉴英法美发达国家土地发展权实践经验的基础上，结合我国国情力图建立基于土地发展权的农村宅基地有偿退出机制，并提出了近期、中期、远期逐步推进农村宅基地有偿退出的可行路径。

二 农村宅基地发展权的理论分析

（一）农村宅基地发展权的内涵

土地发展权诞生于20世纪40年代的英国，是指土地变更为不同使用性质的权利（李世平，2002），或者说是土地所有权人改变土地用途获得收益的权利（刘永湘和杨明洪，2003）。尽管目前学术界对土地发展权的性质界定依然有争议，但大部分学者认可土地发展权是土地所有权的重要组成部分，而且随着经济社会的发展，土地发展权与土地租赁权、抵押权一样，逐渐从所有权中分离出来成为一种具有相对独立性的财产权（刘明明，2008）。

参照上述定义，农村宅基地发展权指村集体和农民通过区位置换、用途变更、权限调整等方式获取宅基地增值收益的权利。农村宅基地发展权相当于从所有权基础上派生出来的一种可用于交易的财产权，其最大的意义在于保障农民退出宅基地获得合理补偿具有了法理基础。

（二）农村宅基地发展权的归属

国外关于土地发展权的归属通常存在两种模式：一是土地发展权归属土地所有权人，包括政府在内的其他主体若想改变或获取土地所有权人拥有土地的用途，需要事先向土地所有权人购买土地发展权。土地发展权归属所有权人是基于土地利用效率的考虑，现实中以美国为代表。二是土地发展权归属国家或政府，土地所有者若想改变土地用途，需要事先向政府购买土地发展权。土地发展权归属国家是基于社会公平的考虑（刘国臻，2005），现实中以英国为代表。[①] 不管土地

[①] 实际上，由于各国土地产权都经历了一个长期的演变过程，土地发展权的归属也存在更为复杂的情形，法国就建立了一种土地发展权既不完全归属所有权人也不完全归属国家的中间形态制度。

发展权归属何方，其得以实现的基础都是土地用途管制。因为只有土地用途管制，才会产生用途变更的限制。即便土地发展权归属土地所有权人，也涉及土地权利限制问题，因为土地具有不可移动和不可代替等特征，出于保护公共利益的需要，某些特定土地的产权只能受限以承担相应的社会义务[①]（程雪阳，2014）。

由于当前我国土地改革的一个方向是让农村集体建设用地与国有建设用地"同地、同权、同价"，而且农村宅基地与耕地、自然保护区等公共性较强的土地不同，"房地合一"和农户房屋私有权使得农村宅基地的私法权属性更强。所以，我国农村宅基地发展权应该归属农村集体[②]，而且因为农村土地是集体所有，也能较好地规避土地私有制下可能产生的土地发展权收益分配不公平问题。最重要的是农村宅基地发展权归属农村集体，才能让集体和农民在农村宅基地流转中名正言顺地享有补偿收益，激发农民保护土地的积极性，并通过政府或其他主体购买农村宅基地发展权的方式更好地规范强势一方的行为。

（三）农村宅基地发展权的转移

土地发展权转移是指土地所有者将发展权的一部分或全部通过市场机制流转给他人，发展权在让渡出的土地上作废，让渡土地因此受到严格的开发限制，受让土地获得更高的土地开发强度，受让土地开发商同时也要给失去发展权的土地所有者合理的经济补偿（汪晖等，2011）。土地发展权转移作为市场化的政策性工具，是在分区规划的

---

① 根据2007年颁布执行的《土地利用分类》国家标准，全国土地按用途分为了12个一级类和56个二级类，更早的2002年全国土地分类划分为农用地、建设用地和未利用地三大类，每一类土地的用途均给予了明确规定，随意变更土地用途是被严格禁止的。

② 除了集体所有的土地之外，我国还存在大量国有土地，如果按照土地发展权归属土地所有权人的原则，国有土地的发展权就应归属国家。所以，我国的土地制度安排决定了既可以参照美国模式将土地发展权归属所有权人，又兼顾了土地发展权归国家所有的英国模式，效率和公平问题相对容易调和。

框架内通过引入市场机制，实现对特定类型土地的有效保护，促进土地开发收益在不同所有者之间的公平分配（靳相木、沈子龙，2010）。

基于我国国有建设用地稀缺和保护耕地的现实情况，在很长的一段时间内，农村宅基地发展权转移主要依托城乡建设用地增减挂钩政策，即农村宅基地发展权发送区将宅基地复垦为耕地，并根据一定的经济补偿将建设用地开发权让渡给受让区，受让区规划范围内的土地因此获得了更高强度的开发建设权。具体体现为，受让区规划范围内的农用地可以转变为建设用地，或者其他土地能够进行更高密度的开发建设。农村宅基地发展权转移和交易，不但丰富完善了农村产权交易类型，更为重要的是为农村宅基地跨区域配置和增值收益分配提供了更为高效的市场化手段。

三 农村宅基地发展权的现实困境

（一）农村宅基地发展权尚无法律支持

我国法律规定和实践中并没有严格意义上的农村宅基地发展权，只有相近但受限的权利界定，即农村宅基地使用权。根据我国《物权法》的规定，宅基地使用权人"有权依法利用该土地建造住宅及其附属设施"，所以宅基地使用权和发展权均赋予权利人比耕地更大的开发建设权限，但是两者的根本区别在于是否包含收益权。农村宅基地使用权虽然名义上为用益物权，但却不享有收益权。收益权的缺失致使在农村宅基地征收、村庄整理、集中居住和宅基地换房等地方实践中，一般只对农户私有产权的农房和附属设施给予补偿，而不考虑农村宅基地的收益权（张云华，2011）。因此，我国的现实情况是农村宅基地的大部分发展权被法律无偿国有化了（程雪阳，2014）。

同时，农村宅基地与国有建设用地权利不对等。根据现行法律规定，国有建设用地不但可以用于工商业、教育医疗、房地产业等几乎所有的现代产业建设，还可以通过出让、转让、抵押、担保、租赁、赠与、继承等方式在土地市场上自由流通（程雪阳，2014），但农村宅基地只能用于农民自建房屋和附属设施，且对流转范围进行了严格限制，城镇居民不允许到农村购置宅基地，农村宅基地只限于集体经济组织成员内部流转，且不能抵押。所以，农村建设用地发展权与国有建设用地发展权严重不对等，农村宅基地发展权权能的完整表达面临现实法律障碍，与国有建设用地的用途差异极大地压制了农村宅基地的经济价值，继而不利于农民和农村集体获得合理的经济补偿。

（二）农村宅基地所有权人虚化

与西方国家不同，我国农村宅基地所有权人既不是自然人，也不是法人，而是虚化的农民集体。由于农民集体本身界定不清，导致涉及土地征用、流转等重大问题时极易出现产权主体混乱和利益分配乱象。而且，农村宅基地所有权人虚置还导致使用权对所有权权能的替换，并使相当一部分农民错误地将农村宅基地所有权归属为个人所有（姚如青和朱明芬，2013）。而且，现实中我国建设用地实行计划管理，由地方政府垄断建设用地一级市场，包括农村宅基地在内的农村土地只能通过政府征收转为国有建设用地，这进一步强化了农村宅基地所有权人虚化程度。所以，农村宅基地所有权人虚置导致农村宅基地发展权流转过程中缺乏有效的谈判主体或农民权益代言人。

（三）农村宅基地具有无偿取得和有偿退出矛盾

现实中，集体组织成员基本上是以无偿分配方式获得农村宅基地，所以农村宅基地具有典型的俱乐部产品属性和福利保障特征。但是，即便是国有建设用地，如果是以无偿划拨方式取得，也不能直接上市交易。如果无偿分配的农村宅基地流转获得收益，作为所有权人的农村集体和使用权人的农户如何分配也是一大难题。而且，集体经济组织内部符合规定的成员都有申请宅基地的权利，这就意味着随着农村户籍人口的增长，农村宅基地规模会不断扩大，农村宅基地有偿退出可能会加剧宅基地无序扩张，甚至引发乱占耕地问题。所以，农村宅基地发展权转让交易既要面对无偿取得方式下获利合理性解释和内部分配困境，还要面临农村宅基地总量如何控制问题。

四　农村宅基地发展权视角下的宅基地退出地方实践

（一）宅基地换房模式

宅基地换房，顾名思义就是农民自愿退出宅基地，然后在城镇或新村换取新的住房。2005年以来，天津、苏州、嘉兴等沿海发达地区相继开展"宅基地换房"模式，各地在补偿的具体操作大同小异。以天津市华明镇为例，在换房之前先要开展房屋普查、建立档案、制定规划，由村民提出申请，然后实施换房。具体补偿标准为1平方米主房可置换1平方米商品房，2平方米附房可置换1平方米商品房，并规定换房按照30平方米/人的标准置换商品房，一户最多可置换3—4套房子，农民原住房面积超出标准置换面积的部分，给予农民货币补偿（陈伟峰和赖浩锋，2009）。同时，华明镇还通过面向全市企业推荐人才，本区域企业安排物流、保安、保洁就业岗位，以及设立新区居民培训学校，免费培训农民等措施，解决农民的就业问题，并为农民按城镇职工标准缴纳养老保险（陈伟峰和赖浩锋，2009）。

在宅基地换房模式中，政府通常是将农民退出的宅基地复垦为新增耕地，并根据城乡建设用地增减挂钩政策获得建设用地指标，实际上是将农户原有的宅基地开发权转移到了政府规划的建新区耕地上，属于典型的农村宅基地发展权转移案例。但是，宅基地换房名不副实，更准确地表述应为"以房换房"，因为实际操作中并不是按照农户的宅基地面积换房，而是根据农户的房屋面积进行置换。根据汪晖等（2010）的测算，天津华明镇贯庄村农村集体所有建设用地2142亩，平均每户748平方米，参考周边土地挂牌出让价可得200万—400万元，但实际上允许农民置换的有效面积户均仅有75平方米，户均能够获得收益因此大致只有30万—40万元，仅为该地块用途变更后市场价的10%左右。

（二）地票交易模式

地票交易是将闲置的农村宅基地等复垦为耕地，从而产生建设用地指标，并通过农村土地交易所面向社会公开交易。地票交易作为一项制度创新自2008年出现于重庆。根据2008年底颁布实施的《重庆农村土地交易所管理暂行办法》，地票交易一般包括4个环节：复垦、验收、交易和使用，其中，复垦是农民让渡宅基地使用权，并由专业机构复垦为耕地，凡农户申请宅基地流转，必须拥有其他稳定住所、稳定工作或稳定生活来源，复垦整理新增的耕地由原宅基地农民承包经营；复垦后的耕地由土地管理部门验收，合格后产生指标；在农村土地交易所将不同复垦项目产生的指标打包组合成地票，进行公开交易，开发者通过竞标购入地票；开发者选择符合建设规划的耕地作为拟建设项目用地，政府运用征地补偿模式，将所选耕地转为城镇建设用地，并对该建设用地采用"招、拍、挂"方式取得城市土地使用权，实现地票落地（王守军和杨明洪，2009）。

从农民的利益补偿上看，根据《关于规范地票价款使用促进农村集体建设用地复垦的指导意见（试行）》的相关规定，对农户的补偿主要为房屋和地上构（附）着物补偿费、土地使用权补偿费、农户购房补助，资金来源于地票价款。同时，重庆市要求复垦宅基地及其附属设施用地的地票平均价款扣除复垦项目工程成本和融资成本后，

85%支付给退出宅基地的农户，平均费用每亩不低于9.6万元，15%支付给农村集体经济组织，平均费用每亩1.7万元。除此之外，农民还能获得复垦耕地的耕种收入、宅基地复垦务工收入和房屋建材残值变现收入。因此，与宅基地换房模式相比，相同的是重庆地票交易的基础也是城乡建设用地增减挂钩政策，属于农村宅基地发展权的区域转移范畴；不同的是地票交易引入了市场机制，允许地方政府对宅基地发展权的买卖直接进行协商，实现了市域内大面积、远距离用地置换，提升了远郊区县农村宅基地价值。而且，对农民的补偿主要来自地票价款，而地票价款主要由用地需求方支付，大大减轻了政府财政压力。

需要说明的是，重庆地票交易仅仅是农村宅基地发展权转移市场化模式的一种，而且不是首创模式。早在20世纪90年代末浙江就发展出了折抵指标（指经过土地整理新增有效耕地折抵建设用地指标）、复垦指标、待置换地区为核心要素的区域内土地发展权转移政策体系，并引入折抵指标有偿调剂、基本农田易地代保、易地补充耕地三大要素，最终形成了用地指标跨区域交易的市场机制（汪晖、陶然，2009）。河南也在重庆之后推出了类似于地票的补充耕地指标公开拍卖制度。[①]

（三）地方实践简评

宅基地换房模式因为需要财政资金进行补偿，比较适用于财力雄厚的城市郊区或经济发达地区，而土地指标交易制度考虑了不同地区的土地资源禀赋和财力状况，更具有普及意义。而且不管是重庆的地票交易，还是浙江的用地指标跨区域交易机制，抑或是河南的补充耕

---

① 2014年12月，河南省正阳、原阳等5县5500亩补充耕地指标以公开拍卖方式拍卖出8.3878亿元高价，每亩均价突破15万元，这是河南省首次在全省范围内拍卖补充耕地指标。

地指标公开拍卖制度，都是在现有制度框架引入市场机制的创新性举措，解决了土地空间配置不均衡难题，增加了稀缺土地资源配置效率。当前，土地指标的市场化交易方式正获得更广泛的认可。以补充耕地指标交易制度为例，现已在安徽（2013年）、山东（2013年）、江苏（2014年）等地的省域范围内实施，实现了跨市交易，调动了地方政府土地整治的积极性，为未来建立区域性土地发展权流转市场奠定了基础。

不可否认，地方农村宅基地退出实践也存在一些无法回避的问题。一是农民和村集体的直接经济激励不足。天津宅基地换房中，农户获得的补偿仅为该地块用途变更后市场价的10%左右。即便是地票交易模式，表面上农户和集体获得了扣除复垦项目工程成本和融资成本的所有地票价款。但是这仅仅是地票交易环节收益，此后政府通过地票落地获得了更大经济价值的新增建设用地增值收益。所以，地方政府才是农村宅基地流转中的最大获益者。不可否认，在各地的农村宅基地退出实践中，地方政府还承担了退出宅基地农民的社会保障、教育、就业、居住安置等支出责任，但出于城乡居民公共服务均等化的原则，政府本来就应该承担这些支出。即便不细究这一点，在农民退出农村宅基地过程中，除了直接给农户的有限补偿款之外，公共服务支出不仅间接，而且各地做法差异巨大，即便政府声明通过增减挂钩新增的建设用地收益主要用于农民，但至今并无地方政府公开相关的收支情况。在巨大的农村宅基地增值收益面前，农民直观的经济激励明显不足，一些了解内情的农民甚至会产生心理不平衡，增加政府与民众之间的不信任感和对立情绪。

二是农民和农村集体缺乏话语权。根据我国现行法律法规，农村宅基地为了实现用途升级获得更高的开发权限，只能通过征收方式转为国有建设用地。政府因此在土地发展权转移中居于主导地位，垄断了城镇建设用地一级市场，不仅制定建设用地的分区规划，还决定土地增值收益的分配，缺乏公开透明的公众参与和讨论，其直接结果是农民和农村集体不可能获得合理的经济补偿，讨价还价、私下流转、上访等农民的抗争行为也就屡见不鲜。①

五 英法美土地发展权实践

虽然在城乡建设用地增减挂钩政策框架下，我国不少地方积极尝试推行土地发展权实践，但是当前地方政府开展的农村宅基地发展权实践依然存在范围有限、规模不大、市场不活、农民利益保障不力等突出问题，英法美等发达国家土地发展权政策已实践多年，我国正可吸取既有教训，借鉴其成功经验。

（一）英国土地发展权实践

英国是最早实行土地发展权制度的国家。1947年，英国工党政府颁布《城乡规划法》，以法律形式明确了土地发展权归属国家所有，目的是消除土地规划变动造成的土地权利人"暴利暴损"等不公平现象，以及土地所有者无序开发导致的公共利益受损问题。为了弥补土地所有者发展权的损失，工党政府甚至还建立了一个3亿英镑的补偿基金。即便如此，土地发展权国有化政策被现实证明并不可行。20世纪60年代，工党政府调整了"涨价完全归公"的极端做法，开始对土地权利人出售或出租土地的增值收入征税，党派博弈和经济社会环境变化引发税率几经调整，并迫使单一的土地增值税或地产税被取消，代之以土地交易税、资本利得税、遗产税等分散税种来实现（程

---

① 一些地方已经开始尝试在宅基地拆迁中增加农民的话语权，以达到加快拆迁进度、减少政府与农民矛盾的目的。其中，突出的案例是河北省三河市首创的直接谈判模式。具体措施是政府推动有实力的开发商与拆旧村直接接触、洽谈，然后在村"两委"班子会议、党员和村民代表会议、全体村民大会广泛征求村民意见，最后确定拆迁补偿标准（王兰兰等，2012）。

雪阳，2014）。

从英国土地发展权的实践来看，土地发展权并没有完全国有化，英国政府多次试错的结果是进行了一定的妥协，通过征税方式将土地发展权流转收益在土地权利人和国家之间进行分配，实现了土地发展权部分国有化。

（二）法国土地发展权实践

法国并没有严格的土地发展权概念，只有类似的土地制度安排，主要表现为法定上限密度限制制度。该制度诞生于1975年颁布实施的《改革土地政策的法律》，具体操作办法为：政府对开发土地设定一个容积率上限，在上限范围内的建设权归属开发者，超过上限的建设权归属国家，开发者可以通过向政府支付超限度开发费（又称超过负担款）购买超过上限标准的建设权，政府通过卖与不卖和调整超限度开发费来保护土地（高洁和廖长林，2012）。与英国的土地发展权实践相似，设置法定上限密度限制的初衷是消除土地所有权人之间因规划控制而导致的权益分配不公问题。起初法国政府设置的容积率上限过低，目的是强化对土地发展权的控制，但是却极大地影响了私人土地开发的积极性，此后政府不得不一再调高容积率上限。

从法定上限密度限制制度的实践来看，法国将容积率上限以下的土地发展权归属土地所有者，容积率上限以上的土地发展权归属国家，形成了土地发展权部分归属所有者，部分归属国家的制度安排，表面上与英国差异明显，但本质上并无太大差异，因为英国以税收形式实现了土地发展权事实上的部分国有化，而法国是以收取超限度开发费方式达到了同样的效果。

（三）美国土地发展权实践

20世纪60年代，美国政府逐渐意识到早先实施的土地用途管制制度对减少农地流失作用不明显，而且由于土地用途管制缺乏激励机制，农地所有者还认为政府的土地用途管制侵犯了私有财产权（刘国臻，2007）。为此，土地发展权被引入美国，并建立了与英法不同的土地发展权"私有模式"，借此形成了日益完善的土地发展权流转市场。到2007年，美国33个州实施了181个土地发展权转让项目，受保护的农地、自然保护区和开敞空间等高达1214公顷（靳相木和沈子龙，2010）。美国土地发展权制度取得了极大成功，被实践证明是一种极为有效的市场化资源配置方式。

1. 土地发展权征购（Purchase of Development Right，PDR）

土地发展权征购是指政府使用公共资金购买土地发展权，以换取土地所有权人放弃对土地的开发。以农地为例，政府购得农地开发权后，农地所有权人依然保留耕种农地的权利，但是丧失了改变耕地用途的权利，政府真正的目的是保护耕地，尤其是城市周边的优质耕地资源。出于公共利益的需要，一些需要保护的自然生态资源区、文物保护区、开阔空间等均可以采取土地发展权征购方式。

专栏2-1

美国宾夕法尼亚州"农业保护地役权"项目

该项目启动于1987年，被认为是实施土地发展权征购中最成功的范例之一。在该项目实施过程中，宾夕法尼亚州政府首先划定了一个农业保护区，然后向位于该保护区范围内的农地所有者发出要约邀请，呼吁后者将自己的一部或者全部农业用地（面积不得少于120英亩）纳入到该项目中。有意愿的农业所有者可以到地方政府农业部门进行登记，待申请审核通过之后，需要跟政府签订一个有期限（主要包括25年期和永久期两个类型）的土地发展权购买合同。此后，这些土地被纳入到农业保护区范围内，在合同有效期内，无论此块土地是否在土地市场上进行交易,用途都不得改变。1987年,宾夕法尼亚州经过全民公决发行了1亿美元的地方公债作为购买土地发展权的资金。随后该项目的资金来源日益多元化,比如从烟草税中抽取一部分税金、州议会进行拨款、联邦政府资助等。

资料来源:程雪阳:《土地发展权与土地增值收益的合理分配》,《法学研究》2014年第5期。

土地发展权征购最大的问题是公共资金压力巨大。一方面政府为购得土地发展权需要动用税收、发行政府债券等,对于许多经济发展水平不高的地方政府而言,如若没有上级财政支持,基本上无力承担相关支出;另一方面政府征购土地发展权的目的多为限制该土地开发,此举更多的是基于公共利益的考虑,并不能为政府带来经济回报。

2. 土地发展权转移（Transfer of Development Right, TDR）

土地发展权转移与前文概念并无二致,它以市场交易为基础,为土地所有权人提供了一种由开发商而不是政府财政支付发展权的补偿办法(张良悦,2008)。

在实际操作中,一个完整的土地发展权转移项目运作程序如下:第一,划定土地发展权转移的发送区和接受区;第二,确定发送区可出售TDR比率和接受区额外开发密度、接受区TDR需求;第三,在发送区内分配发展权,根据评分体系确定发展权转移的优先次序,由发送区土地所有者到相关机构登记出售的发展权;第四,接受、登记、审核并批准发展权接受区内开发商购买发展权的申请,并按照一个通用的计算公式确定土地发展权的价值,完成交易(刘丽,2013)。根据美国法律,土地发展权接受区必须符合三个条件:第一,接受区可供开发的土地发展权单位要多于可供购买的土地发展权单位;第二,接受区的基础设施有容纳进一步开发的承受力;第三,接受区新增开发规划必须与土地规划即经济发展规划相一致（刘国臻，2007）。

土地发展权转移最大的问题是要有一定的市场交易量，而这直接取决于发送区和接受区的划定。若划定的不同接受区对增加土地开发强度的需求差异明显，对应的发送区获得经济补偿的水平也会有显著差距。

3. 土地发展权转移银行

为了更好地推动土地发展权转移发展，美国许多州设立了土地发展权转移银行。以新泽西州土地发展权转移银行为例，它具备行政管理和市场参与两大职能，并从三个方面发挥重要作用。第一，提供土地发展权转移信息和登记服务。土地发展权转移银行可以被视作为土地发展权交易信息交换场所，提供买卖信息，建立包括转移双方信息、转移时间、转移价格、土地发展权发送区和接受区位置、抵押信息和转移数量等在内交易记录登记制度。土地所有者在出售土地发展权之前，必须获得银行颁发的土地发展权权利证书。第二，直接参与土地发展权转移。土地发展权转移银行在此作为市场主体，在土地发展权购买价格和参与时间上都有限制，目的是不损害私人交易市场，其主要作用是解决土地发展权的估价和可销售性等市场形成初期的问题。第三，建立协作支持机制。土地发展权转移银行之间、银行与地方政府部门之间建立了人员、资金和技术的协作与支持机制，并面向公众和地方政府开展土地发展权转移的宣传教育活动（陈佳骊，2011）。

（四）三国土地发展权实践简评

从英法美三国的土地发展权实践来看，三国土地发展权归属差异明显。英国归属国有，美国归属私有，法国介于两者之间，但其本质均是土地用途管制思想的延伸，只是以一种更为方便高效的手段来调控土地用途。

三国之所以形成了不同的土地发展权制度，主要原因是土地产权制度的差异。英国所有土地从法律上归英王（国家）所有，但又规定个人、企业和机构拥有土地的保有权，并将保有权划分为永业权和租业权，拥有永业权的权利人实际上就是土地的拥有者。所以，英国的土地制度仍保留有浓厚的公有制色彩，这也是土地发展权归属国家能够从法律上获得认可的原因。美国与法国的土地制度以私有制为主，土地发展权的底色是归属私有，但美国土地市场更为发达，私有土地交易手续十分简便，容易建立起土地发展权交易市场体系，而法国政府对土地市场的干预更深，且主要通过两大机制，一是建立不以盈利为目的的土地整治与农村安置公司，拥有农民土地的优先购买权；二是设有负责土地市场管理的事务所，土地转让必须经过土地事务所（张云华，2013），所以法国土地发展权实践具有半政府调节、半市场调控的特点。

　　从我国的实际国情来看，英国土地发展权实践的借鉴意义更大。因为两国土地制度相似度较高，英国土地英王所有和我国宅基地集体所有类似，两者均虚化了所有权，同时又以土地保有权和宅基地使用权的形式赋予权利人接近土地私有的权利。所以，今后我国若建立农村宅基地发展权制度，可以借鉴英国做法，政府应避免过度介入农村宅基地流转，应以征税方式参与土地增值收益分配。而且，待时机成熟，可以引进类似于美国的土地发展权交易制度，提高农村宅基地有偿退出的市场化程度。

六　政策启示

　　当前，农业现代化是"四化同步"的薄弱环节，农村土地制度又是农业现代化的薄弱环节，农村宅基地制度改革更是进展缓慢。虽然农村宅基地发展权仅是一种理论创新，但是国内外相关实践证明其具有较强的可操作性,极有可能为城乡建设用地跨区域配置及其利益分配难题提供全新的解决路径。

(一)前置条件:破除农村宅基地发展权流转的现实困境

第一,在农村宅基地制度改革试点地区率先启动农村宅基地发展权及其流转试验,因为这些地区拥有突破现有土地管理法律法规的全国人大授权,而且这也顺应了当前农村土地制度改革进入试点试验阶段的要求。

第二,农村宅基地发展权既然产生于所有权,那么就必须明确农村宅基地所有权人。沿海地区和四川等地的农村集体资产股份制改革为我们提供了启示,可以将农村宅基地所有权人明确为具有法人资格的农村股份经济合作社[①],同时也要尊重农村宅基地使用权人合法占用和使用宅基地的既成事实,并保证其享有一定比例的流转收益分成。为了更好保护农民权益,需要明确农村宅基地所有权人在宅基地发展权流转中的参与主体地位。

第三,不管是出于保护耕地的目的,还是提高农村宅基地利用效率的意图,都需要尽快出台全国性的农村宅基地总量控制政策,[②]以后集体经济组织新增成员只能有偿取得农村宅基地。而且,无偿取得农村宅基地的使用权人,若将宅基地发展权流转给其他集体经济组织成员,必须补缴宅基地出让金给所有权人[③];若将宅基地发展权流转到集

[①] 完成农村集体资产股份制改革后,具有独立法人资格的农村股份经济合作社通常会按照有关规定,建立科学、规范的法人治理结构,诸如股东代表大会、董事会、监事会等,更有利于保护股东(农民)的权益。

[②] 实际上,受规划限制,很多农村地区宅基地批准处于暂停状态,例如北京郊区已有近 20 年没有新批准农村宅基地。所以,农村宅基地的总量控制具有现实可行性。

[③] 补缴宅基地出让金的目的是保障新旧集体经济组织成员享有公平待遇,相当于在承认农村宅基地无偿分配现状的情况下,通过事后补缴出让金的方式实现有偿取得的事实。

体经济组织成员以外,除了补缴宅基地出让金给所有权人外,还要向税务部门缴纳相关流转税费[①]。

(二)近中期改革:完善政府主导型农村宅基地有偿退出方式

第一,严格规划城乡建设用地增减挂钩拆旧项目区和建新区。在农村宅基地拆除复垦后,新增建设用地指标往往会根据经济发展需要落地工商业集中的城市地区,相应地就获得征收城市周边耕地的指标。但是,根据我国现行法律法规,国家为了公共利益才能依法将集体所有的土地征收转化为国有用地。鉴于大量新增建设用地被用于工商业等营利性项目,这就意味着目前城乡建设用地增减挂钩政策实践中存在大量的违法违规操作。然而,新增建设用地只有用于经济价值更高的商业项目,才能保障农民退出宅基地时获得足够的经济补偿,否则只能依靠地方政府的大量财政资金进行补偿。为了促进农村宅基地有偿退出制度的建立,在城乡建设用地增减挂钩政策的大背景下,必须打破征收土地只能用于公共利益的规定[②],但同时出于保护耕地的需要,不仅要在全国城镇普及城市开发边界划定工作[③],也要在城市开发边界内严格规划城乡建设用地增减挂钩拆旧项目区和建新区。

第二,解决计划管理与市场交易矛盾。土地规划和分区管制是土地发展权转移和交易的前提。所以,土地发展权转移和交易不仅不排斥城乡建设用地增减挂钩指标的计划管理,而且只有在其基础上才能建立起有效的市场交易制度,排污权交易与此有异曲同工之处。但是,

---

① 缴纳税费的合理性在于,流转范围和对象的扩大会涉及用地规划、利益协调、交易公平保障等公益性事务,这些需要公权力支撑。具体税费可以参照国有建设用地流转中缴纳的税种,但要适当考虑农民群体的经济负担能力。

② 现实的情况也表明,出于公共利益征收集体土地的规定难以真正落实。与其借助高昂低效的行政监督落实措施,还不如顺应各方利益诉求,修改相关规定。

③ 据新浪新闻报道,京沪等14个城市开发边界划定工作于2015年完成。

为避免与免费下拨的城镇建设用地计划内指标相冲突,[①]一方面,出于保护耕地和促进现有城镇建设用地集约利用的目的,应逐步缩减免费下拨的城镇建设用地指标;另一方面,参照重庆市经验,只有通过土地发展权交易购买的新增建设用地指标才能用于工商业等经营性项目,免费下拨的城镇建设用地指标只能用于公益性建设项目。同时,中央也需要将各省城乡建设用地增减挂钩指标纳入计划管理,并支持重庆、河南等地的省域内农村宅基地发展权市场化交易,然后逐步过渡到跨省市场化交易。上述措施,不仅保障了农村宅基地发展权转移的市场价值,有利于实现对农民和集体的利益补偿,而且有利于区域间稀缺建设用地资源的市场化配置,真正解决区域间用地需求差异矛盾。

第三,提高农村宅基地退出补偿标准和完善补偿方式。用农村宅基地发展权理念,给予农民退出宅基地合理补偿,而不是仅仅对农户住房及附属建筑拆迁进行补偿。[②]以地票交易为例,除了要公示地票价款的分配情况,也要对地票落地后新增建设用地的收益及分配情况进行说明,并基于此设立面向退出宅基地农户的城镇化基金,专项用于进城农民的市民化支出。

(三)远期改革:建立农村宅基地发展权流转市场

第一,建立农村宅基地发展权转让制度。建立集体建设用地与国有建设用地"同地、同权、同价"制度,废除城乡建设用地增减挂钩

[①] 以重庆的地票交易为例,这种冲突主要体现在用地成本上。对用地者而言,除了需要通过招拍挂程序支付建设用地相关税费和土地出让价款外,还需要事先通过地票交易额外支付20万元左右获得建设用地指标,而每年国家下达的建设用地计划内指标是免费的。

[②] 按照朱一中和曹裕(2012)基于土地发展权建立的土地增值收益分配模型计算,农民应获得土地增值中土地发展权收益部分,大约占土地增值收益的25%—30%。

政策，政府不再主导农村宅基地发展权的转移和交易。建立"发展权市场+农户和农村集体参与谈判+市场价格补偿"和"承认土地发展权+规划管制+合理征税"两大制度，即通过农村建设用地发展权流转市场，由农户和农村集体与用地者直接谈判，获得基于市场化交易的合理补偿。政府更多担当市场秩序维护者和监管者角色，利用分区管理和土地利用规划，划定农村宅基地发展权的发送区和受让区，制定土地发展权标准化交易标的（如开发密度和流转年限），获得土地增值收益相关税费[①]，农村宅基地发展权转移的前提依然是耕地数量不减少、质量不降低。

第二，设立农村宅基地发展权转移银行。在土地发展权市场还不成熟的早期阶段，可以在省、市级农村土地产权交易平台的基础上，增设农村宅基地发展权转移银行，由其担当交易中介、注册登记、颁证、估价、抵押担保、宣传等职能，并以有限制的市场主体身份参与农村宅基地发展权交易，以达到预热市场的目的。

---

① 征收土地增值收益税收的合理性在于，土地增值收益不仅取决于土地的自然属性、土地权利人的改良，更大程度上取决于社会因素带来的增值，如国家发展战略、城镇化发展、人口集聚、城市规划等，所以国家有权通过征税形式实现部分土地增值收益返还社会（程雪阳，2014）。

第三章
中国农村宅基地有偿使用研究

一 引言

据统计，2000—2011年，我国农村人口减少了1.33亿人，但是农村居民点用地却增加了3045万亩，而且农村宅基地废弃、空置和低效利用严重，全国空心村综合整治潜力超过1亿亩（刘彦随等，2011），这一矛盾的现实进一步凸显了农村宅基地制度改革滞后的弊端。其中，最主要的症结就是农村宅基地无偿分配和使用政策。根据我国现行法律法规，农村集体经济组织成员能够无偿取得并使用农村宅基地，具有典型的福利分配特征。既然如此，满足条件的农民就有足够动力申请获得宅基地并长期持有，造成农村居民点用地面积只增不减，不仅侵占耕地资源，而且造成土地浪费。与此同时，正是因为农村宅基地使用权的无偿性限制了其用益物权，流转范围被局限于集体经济组织成员内部，且禁止抵押、担保。所以，适时推动农村宅基地有偿使用，不仅是一种抑制宅基地无节制扩张、减少空置浪费的政策工具，而且是激活农村宅基地资产价值、实现无流动性向城乡土地要素自由流动的重要基础。

农村宅基地有偿使用已不是一种政策设想，早在20世纪80年代末90年代初就已在全国实施，2015年在全国33个试点地区重启了该项政策，相关实践也引起了一些学者的关注。现有研究均认为在推行农村宅基地有偿使用之前，需要做好宅基地普查和登记工作（徐凤真，2007；田翠萍，2011），但在有偿使用费标准确定上存在一定分歧，田翠萍（2011）建议按照农民人均宅基地面积、人均耕地面积、人均收入三项因素权重对超过定额基数累计递增，并通过村民代表大会讨论表决确定。但是，考虑到完全由村民自主决定收费标准可能存在扯皮、过高或过低问题，所以较为行之有效的方式是各地土地管理部门在充分调研、评估、论证的基础上，确定本地宅基地的基准收费标准，然后由各村根据自身情况上下浮动（徐凤真，2007）。李忠孝等（1993）进一步提出农村宅基地有偿使用费要把握好农民承受力和发挥用地制约作用两者的平衡，额定不能太高也不能太低，费用占农民年纯收入的1%—2%比较合适，且要根据宅基地位置、交通状况等因素划分等级。农民能否在宅基地有偿使用中发挥主导作用？徐忠国等（2015）根据杭州市八一村的实践探索给出了肯定性回答，但是赵晓洁（2015）建议采取税收方式来实施农村宅基地有偿使用，相当于否定了农民的主导权。显然，当前农村宅基地有偿使用研究囿于实践操作，过分聚焦于操作性细节，缺乏前瞻性的理论探索，反而无法为完善宅基地有偿使用提供建设性意见。本章在系统梳理农村宅基地有偿使用实践的基础上，以制度变迁理论、公共治理理论为指导，深入分析了实施宅基地有偿使用的现实合理性和动力机制，强调了农村基层自治的重要性，突出了农村宅基地有偿使用的目的不是借助收费惩罚违规行为，而是为更大范围的市场流转创造条件，重新平衡农民、村集体、政府间的利益分配。

二 农村宅基地有偿使用实践

（一）20世纪90年代农村宅基地有偿使用实践

改革开放以后，我国率先在农村开启了市场化改革，家庭联产承包责任制的实施和农村商品经济的发展极大地提高了农民收入和生活水平。富裕起来的农民自发形成了一股兴建住房热，宅基地面积不断扩大，大量耕地被占，违法占地建房和用地纠纷问题突出。为加强对农村宅基地管理，引导农民节约、合理用地，严格控制占用耕地，1990年国务院批转了当时的国家土地管理局《关于加强农村宅基地管理工作的请示》（以下简称《请示》），其中核心内容即为抓好宅基地有偿使用试点工作。

20世纪90年代的农村宅基地有偿使用试点具有全国性，其肇始于1988年在山东省德州地区开展的试点，到1990年全国已有200多个县开展了试点，《请示》发布后全国其他地区也开始相继实施。以江苏省为例，到1992年全省约有80%的县，600多个乡镇（占比35%）和6000多个行政村（占比19%）开展了农村宅基地有偿使用试点（黄建春，1992）。

此阶段农村宅基地有偿使用实行差别化收费方式。一般来说，规定用地标准以内的宅基地收费标准较低，超标准用地收费标准较高，级差收益较高地段，收费标准可以更高。具体收费标准充分考虑了各地差异，由地方和村集体协商决定，基本尊重了农民意愿。例如，辽宁省东沟县马家店镇李家屯村宅基地有偿使用费标准是，规定用地面积内的每平方米每年收费3分钱，对超占宅基地采取阶梯累进制，超标准越多，超出部分收费越高（志超，1990）。同省的新金县在全县范围内实施农村宅基地有偿使用制度，确定符合规定的农村宅基地使用费为每平方米每年5分钱，超占面积每平方米每年1角钱。根据辽宁省农村宅基地实际面积平均达500平方米和合规面积上限400平方米估算，每户每年平均收费30元左右，占家庭纯收入的比重不足1%。吉林省双阳县在"定额均收、超占加收"的通行做法上，还创新性地实行了"少占补贴"，充分体现了对农民宅基地使用管理上的公平性（李忠孝等，1993）。

在有偿使用费的资金管理上，《请示》明确提出"取之于户、用之于村"，实行村有、乡管、银行立户制度，专款专用，主要用于村内基础设施和公益事业建设。在具体实践中，许多地方农村宅基地有偿使用资金还实行民主管理（李忠孝等，1993），并遵循公开原则，对使用情况定期公布，接受群众监督（逄燕华，1991）。

随着农村宅基地有偿使用试点的推广，农村宅基地无序扩张和耕地占用情况受到了一定遏止。但是，此阶段农村宅基地有偿使用面临实施时机不对问题。因为20世纪80年代末及90年代我国农民负担正处于高位运行，1989—1991年农民人均负担性支出年均增长17%，高于同期农民人均纯收入年均增速8.5个百分点（张艺雄，2004）。为此，1992年全国开启了农民减负工作序幕，1993年3月党中央、国务院发出紧急通知，要求凡涉及农民负担的文件和收费项目一律先停后清，1993年7月中共中央办公厅、国务院办公厅联合印发《关于涉及农民负担项目审核处理意见的通知》，取消了37项涉及农民负担的项目，其中首当其冲就是农村宅基地有偿使用费和超占费，农村宅基地有偿使用试点全面停止。

（二）当前农村宅基地有偿使用实践

随着农村宅基地空置化和隐性流转普遍化，原有的农村宅基地管理制度正面临巨大挑战，有偿使用作为一种解决方案随之被重启。2009年，为落实当年中央一号文件，国土资源部出台了《关于促进农业稳定发展 农民持续增收 推动城乡统筹发展的若干意见》，提出严格控制宅基地边界和规模，"鼓励各地积极探索在集体经济组织内部建立宅基地有偿使用制度……对一户多宅、超标准占地依法应退出而不能退出的，积极探索由集体经济组织实行有偿使用"。（国土资源部，2015）。2015年1月，中共中央办公厅和国务院办公厅联合印发了《关于农村土地征收、集体经营性建设用地入市、宅基地制度改革试点工作的意见》，不仅标志着我国农村土地制度改革进入试点阶段，也明确提出"对因历史原因形成超标准占用宅基地和一户多宅等情况，探索实行有偿使用"。随后在全国选择了33个县（区）开展农村土地制度改革试点，全国人大授权国务院在试点地区暂时调整实施有关法律法规。

从目前各地实践进程看，试点地区大多已相继发布了农村宅基地有偿使用的指导性文件，如福建省晋江市会同试点村制定了《内坑镇砌坑村宅基地有偿使用办法》（陈云青和洪榕山，2016），安徽省金寨县出台了《金寨县农村宅基地有偿使用和流转制度（试行）》（周波等，2016），湖南省浏阳市研究制定了《浏阳市农村宅基地有偿使用暂行规定》（贺亚玲，2016）。一些地区农村宅基地有偿使用费征收已进入实际执行阶段，其中浙江省萧山区衙前镇已完成宅基地超面积部分有偿使用费收缴工作（龚洁等，2015），截至2015年12月中旬湖北省宜城市共有1158户农民缴纳了宅基地有偿使用费18.92万元（夏永辉等，2015），四川省泸县也成功收取第一笔宅基地有偿使用费（肖雄和曾佐然，2016）。

表3-1　　　　　　　我国各地农村宅基地有偿使用试点情况

地区	农村宅基地有偿使用费征收标准
安徽金寨县	"一户一宅"超出规定面积20平方米以下的部分不收取费用，超出规定面积20—70平方米（不含70平方米，下同）部分，按每年3元/平方米计算；70—120平方米部分，按每年6元/平方米计算；120—170平方米部分，按每年9元/平方米计算。依此类推，超出规定面积每增加50平方米，收费标准提高3元/平方米。"一户多宅"的多宅部分，按实际占地面积每年15元/平方米标准收取有偿使用费。
四川省泸县天兴镇田坝村	超出规定面积50平方米（含）以下的按每年5元/平方米计费，超占50—150平方米（含150平方米）的按每年7元/平方米计费，超占150平方米以上的按每年10元/平方米计费。
湖北省宜城市	根据城乡地域不同划分超占宅基地基础收费标准，并由村民自治确定收费比例系数。其中，超过200平方米但达不到村规民约或本村实际平均面积的，由村民自治选取0.2到1的系数收取有偿使用费；超过村规民约或本村实际平均面积的，由村民自治选取1到2的系数收取有偿使用费，非本村成员的，按住房用地总面积，在基价的1到2倍的基础上收费。

注：根据已有文献整理而得。

各地在农村宅基地有偿使用费的具体征收范围上均严格遵循中央规定，主要面向超标准占用、一户多宅等实行有偿使用，安徽省金寨县还对节约集约利用宅基地的农村居民实行奖励。收取标准普遍采取阶梯累进制（详见表3-1），收取方式灵活，给予农民多种选择。如四川省泸县田坝村规定农村宅基地有偿使用费可逐年上缴，也可以一次性缴纳多年，并视情况给予一定优惠（陈云青和洪榕山，2016）。

（三）两次农村宅基地有偿使用实践的对比研究

从政策出台背景看，两次农村宅基地有偿使用实践均是为了加强农村土地管理，但20世纪90年代征收农村宅基地有偿使用费的初衷更多是在农民建房热的背景下防止乱占耕地，当前试点更多是解决农村内部宅基地资源分配不均和城乡土地配置失衡问题。

从实施条件看，与90年代农民负担较重不同的是，当前不但不存在农民负担问题，每年国家还通过多种补贴确保农民能够获得一定的转移性收入，所以当前实施农村宅基地有偿使用的外部条件更好。但是，我国取消农业税费之后，村庄治理趋于虚化，村民自治组织权威大不如前，增加了征收有偿使用费的难度，所以当前实施农村宅基地有偿使用的内在条件变差。

从征收范围和方式上看，两次实践均对超标准和"一户多宅"农村宅基地征收有偿使用费，且普遍采取了超占越多、收费标准越高的阶梯累进制，目的均是体现公平性，迫使超占者退出或上缴多占面积，提高农村稀缺土地资源利用效率，在征收标准上也都考虑地区差异和农民意愿，缴费方式都比较灵活，以逐年征收为主。但是，90年代的实践为全面征收，符合标准面积以内的宅基地也要收取费用，实施范围更大。

从费用使用上看，两次实践均强调"取之于民、用之于村"，本村宅基地有偿使用费主要用于本村基础设施和公共事务支出，并且接受乡镇和村民监督。

从两次实践经验可以看出，由政府向农民收取有偿使用费或税收的方式并不可取，一是具有增加农民负担的嫌疑；二是容易激发基层政府与农民矛盾，影响社会稳定；三是涉及广大农民切身利益，需要充分论证、合法性审查，甚至通过人大立法方可实施，程序相对冗长。所以，更为可行的方式是按照政府引导、村民自治的原则，由村集体自主确定收费标准、缴费方式和具体用途。但是，已有实践都只是停留在第一阶段，即通过缴费增加超占者负担，从而抑制超占行为，始终没有解决动力机制问题，即如何让农民主动缴费或有动力缴费，这在当前城镇化和农村治理机制孱弱的背景下显得尤为重要。

三 实施农村宅基地有偿使用面临的现实困境

虽然我国已进行了农村宅基地有偿使用实践，但农村宅基地是否应该有偿使用？能否实施有偿使用？目前各方对上述问题争论很大，强大的反对力量和激烈的反对声音是推行农村宅基地有偿使用最大的现实困境。

（一）农村宅基地无偿使用是维护社会稳定的重要制度安排，不能也不应轻易废止

根据现有的法律法规，集体经济组织成员能够取得宅基地使用权，并享有占有和使用的权利，有权依法利用该土地建造住宅及其附属设施。通过无偿取得和使用的方式，农民获得宅基地使用权可以实现成本最小化，使得农民不会因为经济条件差异而不能享有宅基地使用权。更为重要的是，这种计划经济时期确立的农村宅基地无偿取得和使用制度保障了"居者有其屋"，真正凸显了农村宅基地的社会保障功能。在我国农村社会保障体系不健全的背景下，农村宅基地无偿

使用确保了农民拥有安身立命之地，被普遍认为是保障农村社会稳定的基石，应该保持政策稳定。

（二）农村宅基地无偿使用是新中国成立后农村土地集体化后对农民土地私有权益的部分保留，具有深刻的历史原因和路径依赖特征

从我国农村宅基地的制度变迁可以发现，从新中国成立前后的土地改革到1961年，虽然农村土地权属关系发生了翻天覆地的变化，但农村土地产权制度的本色依然是私有制，农民对宅基地拥有完整的所有权和财产权。人民公社运动之后，农民对宅基地的私有权在暴风骤雨般的政治运动中被剥夺，农村宅基地集体所有制被确立下来。所以，农村宅基地的无偿分配是国家将原来属于农民所有的宅基地无偿收归集体以后的一种历史补偿，宅基地使用权因此不可避免就打上了身份性和福利性烙印（喻文莉和陈利根，2009）。到目前为止，农村宅基地无偿使用制度已被实施了50多年，农民逐渐形成了无偿使用的适应性预期，且只有集体经济组织成员才能享有这项"特权"也使得农民成了既得利益群体，宅基地使用权的持续充实和所有权的不断虚化，更是让不少农民产生了宅基地私人所有的"错觉"（姚如青和朱明芬，2013），越发强化了农村宅基地无偿使用的制度惯性。

（三）当前我国正进一步推进农村治理，农村宅基地有偿使用实施难度大

21世纪以来，我国"三农"发展成就显著，但是农村公共事务治理却面临严峻挑战，突出表现为基层组织涣散、运行经费不足、公共服务短缺、生态环境恶化、文化乱象丛生等，尤其是农村税费减免后，农村治理长期倚重的乡镇基层政府及其代理人——村支部书记的地位和作用不断被弱化（田先红和杨华，2009），农村基层组织所拥有的强制动员能力也不断萎缩（王亚华等，2016）。在此背景下，向农民征收农村宅基地有偿使用费缺乏有效的执行主体，极易因为农民的抵制而难以顺利实施。

即便能够克服上述难题实施农村宅基地有偿使用，一大现实挑战是收多少？如果标准定得太高，就会大幅增加农民负担，遭到普遍抵制；如果标准定得太低，就无法达到提高土地利用效率的目的。而且，不同地区经济发展水平差异明显，如果出台统一的收费标准，难免在有的地区毫无作用，在有的地区又难以推行；如果不发布指导性收费标准，政策执行主体在维稳的压力下，极易与村民达成妥协，象征性收取极低的有偿使用费。同时，为了体现公平性，通常会根据农户占有农村宅基地的实际情况而不是农户经济状况征收有偿使用费，而这对不同收入群体的影响是不同的，会拉大农村高收入群体与低收入群体之间的贫富差距，不利于农村社会和谐稳定。

四 实施农村宅基地有偿使用的合理性解释

（一）理论分析

根据制度变迁理论，如果预期收益超过预期成本，一项制度安排就会被创新，此时在一个社会内我们就有望发现改变现有制度和产权结构的企图（戴维斯和诺斯，2014）。所以，只要农村宅基地有偿使用产生的预期收益大于其预期成本，或者大于无偿使用的收益，农村宅基地有偿使用在经济学意义上就是合理的。当然谁是这一成本收益的计算主体有时也决定了最终的结果。就农村宅基地使用的制度安排而言，农民作为计算主体意味着相对于无偿使用，实施农村宅基地有偿使用增加了使用成本，获得的收益一方面是从对"一户多宅"和超标准占地者的经济"惩罚"中获得的公平感和心理平衡，另一方面需要辅之以配套性制度安排才能实现，即只有缴纳农村宅基地有偿使用费后，宅基地才能按照更为市场化的方式流转和交易，进而获得更多的退出收益。即便忽略无法计量的公平获得感，只要让农民感觉未来能够变现的农村宅基地退出收益显著大于累计缴纳的有偿使用费，农村宅基地有偿使用就有望顺利实施。同时，鉴于农村宅基地制度是农村的一项基本制度，可行性更高的方案是依靠政府力量推动强制性制度变迁，所以政府作为成本收益计算主体也十分重要。农村宅基地从无偿使用到有偿使用，政府需要承担政策执行成本和由此可能引发的对政府权威的挑战，获得的收益一方面是遏制农村居民点面积无序扩张，更好地保护耕地；另一方面是为农村宅基地退出创造更好的制度环境，提高城乡建设用地配置效率，加速城镇化进程。地方政府还可以通过加快宅基地退出和复垦获得更多的建设用地指标，进而得到更多的土地财政收入。因此，只要政策设计良好、实施得当，执行成本和挑战权威的代价有限，政府获得的预期收益就有望大于成本。

（二）现实考量

1. 有偿使用并不否认农民享有农村宅基地使用权，无偿使用无法真正保障农村宅基地的福利性

实施农村宅基地有偿使用不是要改变现行法律规定，而是要在坚持宅基地使用权人依法享有权益的基础上，通过有偿付费方式让农民更加珍惜农村宅基地使用权。考虑到农村人口中存在一定比例的低保户、五保户等贫困人口，完全可以采取类似于新农合、新农保一样的定向救助措施，减免符合条件农民群体的农村宅基地有偿使用费，确保所有符合条件的农民都能够享有宅基地使用权。

农村宅基地使用权的无偿性实际上是以公平第一、牺牲效率的方式来维护其福利性，这一方式显然低效且不可持续，更为有效的途径应该是更充分、更高效地利用土地，通过资源效率提高来厚植再分配基础，借以真正实现农村宅基地的社会保障功能（周其仁，2013）。

而且，农村宅基地无偿使用所"固有"的社会保障功能正面临现实挑战。在一些受到城乡建设规划限制的农村地区，农村建设用地（含宅基地）总量受到严格控制，农村宅基地无偿使用导致农户无动力退出，造成新生代农民无法申请获得宅基地，农村宅基地的福利性因此无法惠及所有符合条件的农户。2009年，为落实当年中央一号文件，国土资源部出台了《关于促进农业稳定发展 农民持续增收 推动城乡统筹发展的若干意见》，提出严格控制宅基地边界和规模。如果该政策在全国得以实施，农村宅基地无偿使用将会进一步加剧农村内部宅基地代际配置矛盾，何谈维护农村社会稳定。从另一层面说，不应过分渲染农村宅基地所承担的社会保障功能，毕竟社会保障是一个涵盖养老、医疗、居住、失业、生育等维持公民基本生活的庞大体系，即便仅考虑居住这一单一功能，随着城乡一体化的不断推进，覆盖全体公民的住房补贴、廉租房、公租房等住房保障体系会不断完善，农村宅基地的住房保障功能将会不断弱化。

2. 农村宅基地的身份性和福利性正是其经济性受限的根源，经济社会发展已使宅基地无偿使用制度的弊端日益显现

任何制度的产生都有其时代背景，推行农村宅基地有偿使用并不是否认无偿分配制度的历史合理性。换一个角度说，再完美的制度都是有寿命的，不能用停滞不前的历史眼光来为制度的当前合理性辩护，现有的农村宅基地制度作为社会变迁的产物不应是一成不变的。根据制度变迁理论，要素相对价格变化被认为是制度变迁最重要的来源（诺斯，2014）。随着工业化进程的推进和产业结构的演进，在土地总量约束和需求不断扩张的推动下，土地相对于其他生产要素的价格会持续上升。虽然我国通过城乡二元分割，人为地阻断了城市国有土地和农村建设用地（含宅基地）之间的流动对接，但借助城乡建设用地增减挂钩等渠道，城镇建设用地稀缺性的不断上升依然能够诱发农村建设用地价格的隐性上涨，"小产权房"价格上涨就是例证。所以，在农村土地[①]隐性价格上升的趋势下，土地相对价格较低时确立的农村宅基地无偿取得和使用制度已面临重大挑战，如果继续固守旧制度，就会造成严重的社会财富分配不公，制约城镇化发展。

3. 实施农村宅基地有偿使用是强化基层组织治理能力的重要手段，如何收费可以充分依靠村民自主治理方式解决

当前，我国面临的农村治理危机是因为通过人民公社解体、农村税费改革等一系列措施后，国家权威从基层逐步淡出，农村基层组织制度型权力被弱化，而替代性的村民自治制度尚不成熟，无法应对缺乏信任和监督基础的分散农户（王亚华等，2016）。农村宅基地有偿使用正可为解决我国农村公共事务治理危机提供一种探索路径。一方面，农村宅基地有偿使用正是通过外部的政府权威赋予农村基层组织一定的资源整合能力和组织动员能力（即征收农村宅基地有偿使用费），进而强化其制度型权力。另一方面，开展农村宅基地有偿使用试点相当于进行了一次村民自主治理模式试验，可以从成功地区的经验中探索出更为有效的村民自主治理机制。至于农村宅基地有偿使用的收费标准如何确定，具体如何收费等所谓的操作性难题，20世纪90年代初的全国实践和当前农村宅基地改革的试点地区已积累了一些有效的解决办法，可以借助集体民主协商、政府指导性建议等方式探索完善。而且，农村宅基地有偿使用、有序流转、有偿退出等政策的配套实施能够将农村宅基地的财富潜力转化为实实在在的财产性收入，为减少农村贫富差距提供一种可能性路径。

五 实施农村宅基地有偿使用的前置条件与动力机制

奥斯特罗姆在长期存续的公共资源自主治理的成功案例中总结出

---

① 类似于"小产权房"的农村房屋价格上涨除了受到建筑成本上升影响外，更重要的是受到土地潜在价值上涨的推动。

了八大设计原则，这些原则与我国国情和农村宅基地的制度特性相结合，为实施农村宅基地有偿使用提供了重要启示。

（一）实施农村宅基地有偿使用的前置条件[①]

1. 弱化公法对农村宅基地权利的过度干预

奥斯特罗姆提出的一大原则是外部政府对公共资源占用者的组织权要给予最低限度的认可，或者说占用者设计自己制度的权利不受外部政府权威的挑战，此原则主要是防止有人借助自身资源优势求助于外部政府来推翻自主组织形成的规则（奥斯特罗姆，2012）。当前，我国农村宅基地相关权利正受到公法行为的强力干扰，极大地束缚了村民自治组织作用的发挥。例如，虽然农村宅基地属于集体所有，但在宅基地使用权取得的程序上却需经乡（镇）人民政府审核、县级人民政府批准，政府行政审批代替了民事权利的设定，享有所有权的村委会或集体经济组织形同虚设，不仅导致集体所有权虚化，还造成集体所有权人缺乏积极性和权威（王崇敏，2012）。[②] 为了推动农村宅基地有偿使用顺利实施，必须改变当前公权力对农村宅基地当事人决策的过度干预，增强农民及其自治组织的话语权，在明确基层政府城乡建设规划和土地用途管制职能的基础上，取消乡镇和县级政府的审批权，代之以备案制，让农村居民真正有权利自己设计关系自身切身利益的宅基地有偿使用规则，提高其参与规则制定和监督规则执行的积极性。与此同时，考虑到农村自治组织能力千差万别，近年来"村官巨贪"现象频发，根据试点地区的经验，地方政府可以提供实施农村

[①] 本书将开展农村宅基地有偿使用之前需要完成的基础性和相关性工作定义为前置条件。

[②] 这里并不是要求完全放松对农村宅基地的公法约束，毕竟任何权利都需要受到限制，但农村宅基地应当受到能够体现秩序和公平的公法限制，诸如土地用途管制和城乡建设规划等。

宅基地有偿使用的基础性参考方案，农村宅基地有偿使用费采取"村有、乡管、银行立户"，发挥基层政府监督作用。

2. 出台集体经济组织成员认定办法

只要具体可以使用资源的人依然是不确定的，就没有人知道为谁管理，公共秩序的维护者就面临他们经过努力创造的成果被未作任何贡献的其他人所获取的风险，所以有权从公共资源中提取一定资源单位的个人或家庭必须予以明确规定（奥斯特罗姆，2012）。就农村宅基地而言，虽然相关法律法规明确提出只有集体经济组织成员才能享有农村宅基地使用权，但现实中受到出生、死亡、继承、收养、嫁娶、迁移等多种原因影响，集体经济组织成员身份通常不断变化且模糊不清，导致许多非集体经济组织成员能够通过多种方式占用宝贵的农村宅基地。为此，可以参照四川、江苏、浙江等地的先行经验，出台明确的农村集体经济组织成员认定办法，规范成员资格认定和取消、登记、变更等程序，此举有利于保障成员农民的合法权益，在征收农村宅基地有偿使用费时能够做到内外有别。[①]

3. 界定农村宅基地总量和边界

农村宅基地的使用和扩大不能以不受节制地占用耕地来实现，而且必须符合城乡建设规划。鉴于农村人口数量呈现绝对减少趋势，农村宅基地的真实需求也应该趋于减少，所以出于保护耕地和提高农村宅基地利用效率考虑，需要加快实施农村宅基地确权登记发证工作，全面摸清农村宅基地面积、权属、界址等，据此尽快出台全国性的农村宅基地总量控制政策，并分解落实到每一个行政村。为了确保农村宅基地总量控制得到贯彻落实，对于超越规划边界的非法占地行为，

---

① 有些非集体经济组织成员持有的农村宅基地是由复杂的历史原因形成的，而且在农村地区占有一定的比例，通过强制性清退方式容易激发矛盾，采取内外有别的政策有利于农村宅基地有偿使用政策的顺利实施。湖北省宜城市对非本村成员征收更高标准的农村宅基地有偿使用费也为此提供了很好的借鉴。

除了采取强拆措施外，也可以通过征收惩罚性的高额有偿使用费来进行约束。同时，实施农村宅基地无偿取得新老划段办法，即集体经济组织成员的新出生子女除了继承外，不能再通过"分户"无偿获得农村宅基地使用权，只能通过有偿方式取得。[①]

（二）实施农村宅基地有偿使用的动力机制

农村宅基地有偿使用政策的顺利实施，必须依托外部政府权威与内部村庄规则间的相互协调，设计出能够调动各方积极性的激励机制。

1. 农民

首先，满足奥斯特罗姆提出的集体选择安排原则和监督原则，即绝大多数受操作规则影响的个人应该能够参与对操作规则的修改，积极检查公共资源状况和其他占用者行为的监督者是占用者本人或是对其负有责任的人（奥斯特罗姆，2012）。在实施农村宅基地有偿使用过程中，应采取集体自主协商，充分尊重农民意愿，赋予其全程参与实施细则制定、执行和监督的权利，尤其是要按照"取之于民、用之于村"的原则，张榜公示所有农户的宅基地有偿使用费缴纳情况，定期公开宅基地有偿使用费的支出和节余情况，接受村民和乡镇监督。其次，满足公平性原则，即在农村宅基地有偿使用费征收上采取内外有别和已有实践中普遍采取的阶梯累进制，已实际取得农村宅基地使用权的非集体经济组织成员需缴纳更高的有偿使用费，"一户多宅"、超标准占地农户按照超占越多、收费标准越高的原则征收，对于少占宅基地的农户可以考虑给予适当奖励。最后，满足缴费才能受益原则，

[①] 以有偿方式取得农村宅基地使用权相当于缴纳了农村宅基地有偿使用费，由于集体经济组织成员新生子女在许多地方实践中均被界定为集体经济组织成员，所以可以规定他们享有优先取得农村宅基地使用权的权利。

即农户只有按照土地年租制①缴纳农村宅基地有偿使用费后，其拥有使用权的宅基地将来上市流转时，才能突破农村宅基地使用权仅限集体经济组织成员内部流转的限制，从而获得更高的土地增值收益或宅基地退出补偿。

2. 村集体

首先，强化农村基层组织的治理能力。正如前述分析一样，实施农村宅基地有偿使用是继农村税费改革之后强化农村基层组织治理能力的重要手段，为农村新人无地可申、老人占据多处的现实矛盾提供了一种解决方案，有助于提高村干部在村民中的威望和影响力，重新获得"干部"身份的归属感。其次，集体经济收入来源更为牢靠。我国除了城郊农村、资源富集农村、集体企业发达农村等少数地区外，农村集体经济收入极为薄弱，农村基层组织往往缺乏工作经费保障，许多地区不得不依靠政府转移支付维持村级公益事业基本运营。实施农村宅基地有偿使用相当于通过村民"集资"方式缓解了农村公共事务运营经费不足问题，有利于相关工作的顺利开展。最后，可以专设村干部奖惩制度进一步提高其积极性。在农村宅基地有偿使用试点地区，基层政府可以根据村干部年度个人表现，给予其相应物质和精神奖励或惩戒。

3. 政府

首先，推动城乡建设用地增减挂钩指标或补充耕地指标变现。农村宅基地有偿使用和有偿退出配套实施，将能提高空心村整治效率，极大地推动农村闲置或空置宅基地退出和复垦，有利于地方政府通过城乡建设用地增减挂钩获得的建设用地指标或补充耕地指标尽快变

---

① 目前，城镇国有土地出让一般采取批租制，即土地管理部门向土地使用者一次性收取土地出让的全部价款，此举虽然能够获得一次性高额土地出让收入，但诱使现届政府采取寅吃卯粮的短视行为，更无法在出让价格中体现未来的土地增值收益，不仅导致地王频现，房价高企，还造成土地囤积闲置。因此，在农村宅基地有偿使用制度构建中更为合理的方式是年租制，即每年收取、适时调整。

现。为了提高地方政府的积极性，可以加快普及补充耕地指标省域内交易做法，同时选择若干地区开展对口性跨省补充耕地指标交易，进一步提高补充耕地指标的经济价值。其次，未来农村宅基地流转范围突破后，可以对宅基地增值收益部分征收相关税费，对达到一定经济价值的农村房屋征收房产税。

六 推动农村宅基地有偿使用的思考

虽然目前全国33个县（区）陆续开展了农村宅基地制度改革试点，但是当前的农村宅基地有偿使用改革依然略显保守，仅面向"一户多宅"和超标准占地者征收有偿使用费，而且还遭遇了一定的阻力，有些试点地区甚至已经暂停实施。根据前述分析，为了推动我国农村宅基地有偿使用试点工作顺利进行并取得显著成效，相关政策设计和实施仍需不断完善。

首先，需要有解放思想、大胆创新的指导理念。鉴于当前我国土地管理法律法规滞后、城乡之间存在不对称且分割的二元土地制度，农村宅基地有偿使用改革在顶层设计层面通过控区域（试点地区）、守底线（"四个不能"）[1]控制风险的同时，更需要充分授权基层试点地区大胆探索、宽容失误，摒弃过分强调农村宅基地福利性的传统观念，正视农村宅基地的资产属性，在一些城乡社会保障一体化水平较高的地区，更是要借鉴国有土地市场化改革经验，用更具市场化的手段提高农村土地资源配置效率。

其次，需要构建能够调动各方积极性的激励机制。已有的经验和教训都表明必须在农村宅基地有偿使用改革中寻求农民、村集体和政

---

[1] 习总书记在安徽小岗村召开的农村改革座谈会上提出的"四个不能"底线，即不能把农村土地集体所有制改垮了，不能把耕地改少了，不能把粮食生产能力改弱了，不能把农民利益损害了。

府之间的利益平衡点，尤其是要重视农民在整个过程中的权益诉求。所以，农村宅基地有偿使用不应仅仅是面向少数农民带有惩罚性质的"多占多缴"，而应是激活农村土地价值、确保所有农民能够获取更大经济回报的先决条件，这就要求农村宅基地有偿使用必须要与更具市场化的农村宅基地有偿退出和流转相挂钩，从而顺利解决农民退出意愿低、宅基地废弃空置严重等问题，政府也能尽快变现获得的城乡建设用地增减挂钩指标。

最后，需要充分发挥农村基层自治组织在实施宅基地有偿使用中的积极作用。农村税费改革后，实施宅基地有偿使用这类向农民收费的政策中，除了政府广泛宣传引导之外，必须依托农村自治组织克服农民个体分散、自利、猜疑的固有缺陷，这就要求在农村宅基地有偿使用政策的具体操作中弱化公权力对农村事务的过多干预，借鉴奥斯特罗姆的公共事务治理原则强化农村基层组织的治理能力。同时，鉴于我国农村的现实情况，应该着重提高宅基地有偿使用试点地区的农村基层社会领导力，主要是考虑到一方面当前大量农村精英流入城市是乡村治理危机产生的一大根源，没有一定社会领导能力的农村精英无法顺利开展农村重大改革；另一方面现实中的许多成功案例也表明农村改革离不开土生土长的"能人"，或者是输入型精英人才，如定点帮扶的官员、委派的驻村第一书记、返乡的退休干部或优秀企业家等。

第四章
农村集体经营性建设用地入市研究[*]

一 引言

农村建设用地包括公益性公共设施用地、宅基地和经营性用地，公益性公共设施用地属于公共品，不允许经济开发，宅基地改革相对滞后，只有农村集体经营性建设用地允许以出让、租赁、入股等方式开展入市试点。因此，农村集体经营性建设用地入市不仅成为农村建设用地改革的"试验田"，也因为高额的经济回报成为城乡各类利益相关者角力的"主阵地"，正在深刻地影响着中国农村土地制度改革的走向、城乡资源要素配置的效率和土地财富再分配的结果。

根据自然资源部的统计，截至2018年底，包括贵州湄潭县在内的全国33个试点地区农村集体经营性建设用地入市地块1万余宗，面积9万余亩，总价款约257亿元，收取调节金28.6亿元，办理集体经营性建设用地抵押贷款228宗、38.6亿元。试点地区初步建立起了城乡统一的建设用地市场，有效激活了农村沉睡土地资源，实现了土地增效、农民增收、集体壮大，体现了土地剩余控制权和剩余索取权向农民（集体）转移的变迁（盖伦程和于平，2017），因此引起了众多专家学者的关注。温世扬（2015）、吴萍（2016）的研究均表明，农村集体经营性建设用地入市存在明显的制度性障碍，包括现有法律法

---

[*] 本部分内容修改后已发表，具体参见张义博、申佳《建立城乡统一建设用地市场的探索——贵州省湄潭县农村集体经营性建设用地入市改革调查》，《中国发展观察》2018年Z1期。

规的制约和产权制度的缺陷。何格等（2016）的研究也发现，集体经营性建设用地入市的集体决策机制、土地价格机制、收益分配机制、供后监管机制不健全，抵押融资、农村规划、土地征收、土地整治配套改革滞后。此外，农村集体经营性建设用地入市还遭遇市场机制缺失、行政监管不力、征地制度宽泛、保障措施不完善等众多市场和制度制约因素（刘益林，2017）。随着农村集体经营性建设用地试点的深入推进，同一区域内公益性建设用地实行征收，经营性建设用地直接入市，这一农村建设用地流转"双轨制"对工业化、城镇化产生的影响需要引起重视（董祚继，2017）。农村集体经营性建设用地入市势必缩小政府征地范围，"同等入市、同权同价"也将打破长期以来地方政府垄断土地供应、政府与开发商分肥的格局（温铁军，2013），地方政府的积极性可能不高，甚至会对入市设置障碍（伍振军和林倩茹，2014）。与此同时，不少学者还对试点地区的探索进行了梳理和总结（袁卫，2015；江宜航，2016a；付冬梅和龙腾，2016；宋志红，2016；孙静，2016），也提出了下一步完善改革的政策建议。但是，现有文献仅从法学、政府规制、产权等有限的理论视角进行分析，基本上是从现实出发论证现实问题。由于缺乏理论支撑，对于入市各环节的分析缺乏前瞻性，对于试点实践的总结也需要深化，如何平衡农村集体经营性建设用地入市中的政府、集体、农民等利益相关者的关系仍有待深入。本章通过对湄潭县农村集体经营性建设用地入市改革探索的实地调研，深入探讨了农村集体经营性建设用地入市的外部约束，并对农村集体经营性建设用地入市全过程进行了理论和实践分析，努力完善试点地区入市方案，探索打通农村集体经营性建设用地和农村宅基地两大改革试点，推动城乡建设用地真正实现"同地同权同价"。

二　农村集体经营性建设用地入市改革的湄潭样本

贵州省湄潭县虽然地处经济欠发达的西部地区，但作为我国农村改革的试验区，始终走在全国农村土地制度改革的前列，不仅全国首创"增人不增地、减人不减地"试验，还率先探索集体建设用地入市，敲响了全国农村集体经营性建设用地使用权拍卖"第一槌"，形成并逐步完善出一套可复制、可推广的农地入市经验，成为广大中西部地区建设城乡统一的建设用地市场的"引路者"。

（一）打牢农地入市基础

2015 年 4 月，湄潭县成立了以县委书记为组长的农村集体经营性建设用地入市改革工作领导小组，并在县国土局设立了农村集体经营性建设用地入市改革办公室，从组织上保障了改革顺利推进，并在试点过程中不断优化入市环境，很好地解决了农地入市前必须面对的三大前置问题。

一是确立入市实施主体。考虑到村两委政经不分，不便担任入市实施主体，湄潭县致力于推动农村股份权能改革，明确规定农村集体经营性建设用地入市实施主体是代表其所有权的农民集体经济组织，即村级股份经济合作社。为此，制定实施了《组建农村股份经济合作社指导意见》和《农村股份经济合作社经营管理制度》，规定股份经济合作社以村为单位组建，建立股东代表大会、董事会、监事会组织架构，确立了股权管理、收益分配、货币资金管理、经费开支、财产管理等 11 项制度，并首先选取了 16 个村开展了农村股份经济合作社组建试点。目前，全县 119 个行政村全部成立了村级股份经济合作社，并与村民委员会、村支部委员会、村务监督委员会组成了湄潭县农村的"四大班子"。

二是灵活确定入市土地范围。湄潭县在确定入市土地范围上经历了两个阶段。第一阶段为试点初期，严格按照试点要求，开展了摸底核查工作，制定实施了《农村集体经营性建设用地现状核查工作方案》。2015年末，确认全县集体经营性建设用地共计6357宗、4625亩，仅占集体建设用地总量的5.8%。但是，对于农村集体经济欠发达的湄潭县而言，因为大多数村历史上没有村办企业或经营性项目，集体经营性建设用地存量严重偏少，如果遵照保守的入市土地范围解释，试点成效将大打折扣。所以自2016年开始，湄潭县在入市土地范围上进行了大胆探索，进入了第二个阶段。制定实施了《湄潭县农村集体经营性建设用地界定登记工作指导意见》，适当扩大了入市土地范围，在存量农村集体建设用地中，除了两规确定为工矿、仓储、商服用途的土地外，还包括农村混合住宅（住宅兼容商业）等，通过城乡规划可调整为经营性建设用地。结合宅基地与经营性用地混用的试点调查，最终确定全县农村集体经营性建设用地约为20250亩，占农村集体建设用地的比例升至25%，极大地调动了农民和集体参与试点的积极性。

三是明确入市收益主体。近年来，我国正处于城镇化快速推进时期，大量农村人口进城，再加上新生、死亡、升学和婚嫁等，导致农村人口结构发生了巨变，如果对哪些人能够享有入市土地增值收益没有达成共识，极易引发群体性矛盾。为此，湄潭县规定农村集体经济组织成员享有入市收益，并将界定农村集体经济组织成员资格作为农村集体经营性建设用地入市改革的前提条件，制定实施了《湄潭县界定农村集体经济组织成员资格指导意见》，以全国第二轮农村土地延包时户内的农村人口为基础，以2016年3月31日24时为截止时间，规定此后新增的人口不在界定范围内，并给出了五种资格取得、五种资格保留、五种资格丧失的具体情形，确立了"六步三榜"工作流程。目前，全县所有行政村全部完成了集体经济组织成员确认，明确了入市土地增值收益分配的个人资格。

（二）创新入市模式

作为试点地区，湄潭县积极践行国家规定的三种入市模式：就地入市、调整入市和城中村整治入市。其中，全县符合就地入市和城中村整治入市的农村集体经营性建设用地少，调整入市是目前最主要的入市途径。具体做法是在确保耕地红线不突破的前提下，依据相关规划，对零星分散、低效利用的农村集体经营性建设用地实施整治，复垦耕地验收合格后转化为无形的集体经营性建设用地指标，通过交易将指标调整至有需求的地区。调整入市模式因为涉及建设用地指标贡献村集体和农民、建设用地指标落地村集体和农民、政府、企业等众多主体，入市程序和收益分配方案复杂，操作不当极易引发纠纷。为此，湄潭县专门编制报批了《农村集体经营性建设用地调整入市工作方案》，有效地规范调整入市流程，推动调整入市快速成为最主要的入市模式。截至 2017 年 6 月底，全县调整入市出让地块 15 宗，占全部入市宗数的 60%，调整入市土地面积 74.8 亩，占入市总面积的77.4%。

为适应全县农村地区商住混合、综合性用地多的现状，解决长期存在的农民私下交易等隐性市场，湄潭县创造性地探索出综合类集体建设用地分割登记入市模式，即在村集体同意、居住条件有保障（人均达到 35 平方米）和有偿使用（原使用权人需向村集体经济组织缴纳评估价 30% 的土地出让金）的前提下，经国土、规划部门批准，对实际用于商服、工矿仓储等经营性用途的建设用地进行分割登记，赋予其出让、出租、入股等权能。该模式有利于激活闲置的农村建设用地价值，有效保障乡村旅游、农产品加工、个体商贸等农村产业的用地需求，对于纯粹集体经营性建设用地较少的中西部地区意义巨大。

（三）探索收益分配机制

湄潭县积极探索建立兼顾国家、集体、个人的土地增值收益分配机制。在政府层面，早在国家入市土地收益分配实施细则出台之前，2015年9月湄潭县就明确了政府收取的土地增值收益调节金征收比例，即土地成交总价款的12%。2016年4月国土部和财政部联合发布土地增值收益调节金征收管理办法后，湄潭县及时响应，出台了《农村集体经营性建设用地土地增值收益调节金征收使用管理细则（试行）》，将增值收益调节金的征收基数调整为增值收益部分，并根据入市土地用途规定了不同的征收比例，例如工业用地为20%、综合用地为22%、商服用地为25%。在集体和个人层面，摸索出"三定一议"的入市土地收益分配新机制，即按照《湄潭县农村股份经济合作社经营管理制度》的规定，集体提取公积金的比例不得少于20%，公益金不得高于10%，公积金和公益金总额不得超过50%，集体经济组织成员分配比例不得少于净收益的50%，具体分配比例和形式，在坚持公开、公平、民主和突出集体土地所有者权益地位的前提下，由集体经济组织召开成员会议议定。"三定一议"机制的实施，既保障了集体和农民的基本权益，也调动了农民参与农村集体经营性建设用地入市的积极性。

（四）完善配套政策

为顺利推动全县农村集体经营性建设用地入市改革，湄潭县适时出台了若干关键配套政策。一是建立入市土地标准地价体系。根据经济社会发展、土地市场发育状况，县国土局委托具有资质的评估机构制定村级集体建设用地基准地价，并按照区域和用途差别规定了不同的基准地价标准，要求入市土地市场评估价不得低于基准地价，有效保护了农民权益。二是搭建交易平台。湄潭县针对农村集体经营性建设用地入市涉及利益相关者众多、交易环节复杂等问题，积极谋划建立农村集体经营性建设用地交易平台，县财政投入资金5000万元，在县中国茶城建设10000平方米的农村产权交易中心。该平台按照政府引导、市场主导的原则，提供信息收集、发布公告、组织交易、签证签约、产权变更、收益分配、资金监管等市场交易服务。三是积极开发农村集体经营性建设用地金融功能。湄潭县银监办和国土局联合制定了《湄潭县农村集体经营性建设用地使用权抵押贷款管理办法（试行）》，推动多家银行制定了《农村集体经营性建设用地使用权抵押贷款细则》，目前农村集体经营性建设用地使用权抵押贷款已进入实质操作阶段。2017年5月，湄潭中银富登村镇银行率先以某商贸公司16.8亩集体经营性建设用地50年使用权作抵押，向该公司发放贷款120万元。此外，湄潭县积极扶持社会评估机构进入农村集体经营性建设用地评估市场，要求拟入市交易土地应由具有相应资质的评估机构进行地价评估，并出具评估报告，作为入市交易的市场指导价。

在上述各项政策的推动下，试点以来至2017年6月底，湄潭县已出让集体经营性建设用地25宗（见表4-1），面积96.67亩，出让收入1718.5万元，增值收益494.62万元，政府收取土地增值收益调节金110.45万元，集体经济组织分配118.7万元，个人分配265.46万元，达到了农民增收就业、集体经济盘活、企业用地缓解、国家调节收益"四赢"效果，初步取得了还权于集体、还利于农民、还配置于市场的"三还"改革成效。

表4-1　　　　　　截至2017年6月底湄潭县农地入市情况一览表

入市时间	地点	土地用途	出让年限（年）	面积（亩）	总价（万元）	单价（万元/亩）	受让人
2015年8月	茅坪镇土槽村	商服	40	5	80	16	石油公司

续表

入市时间	地点	土地用途	出让年限（年）	面积（亩）	总价（万元）	单价（万元/亩）	受让人
2015年9月	兴隆镇红坪村	商服	40	0.37	225	17.97	建材公司
	兴隆镇红坪村	商服	40	0.78			
	兴隆镇红坪村	工业	50	2.75			
	兴隆镇红坪村	工业	50	8.62			
2015年9月	湄江镇金花村	工业	50	1.62	25	15.43	茶叶公司
2016年1月	鱼泉镇鱼合村	商服	40	0.18	20	111.11	个人
2016年1月	石莲镇九坝村	商服	40	0.56	30	53.57	个人
2016年1月	马山镇清江村	工业	50	1.44	18	12.5	个人
2016年7月	抄乐镇群丰村	工业	50	5.36	81	15.11	茶叶公司
2016年7月	高台镇窑上村	工业	50	4.63	70	15.12	科贸公司
2017年7月	湄江镇回龙村	工业	50	1.03	18	17.48	茶叶公司
2017年7月	湄江镇回龙村	工业	50	1.95	33	16.92	茶叶公司
2017年7月	湄江镇回龙村	仓储	50	16.8	288	17.14	商贸公司
2016年7月	湄江镇新街村	工业	50	3.79	65	17.15	茶叶公司
2016年7月	抄乐镇落花屯村	工业	50	4.62	74	16.02	茶叶公司
2016年9月	兴隆镇龙凤村	商服	40	26.8	505	18.84	旅游公司
2017年3月	马山镇清江村	工业	50	2	27	13.5	辣椒工厂
2017年3月	马山镇新建村	综合	50	1.53	23	15.03	个人
2017年3月	马山镇马山村	工业	50	3.09	35	11.33	个人
2017年3月	马山镇马山村	综合	50	1.55	58	37.42	个人
2017年3月	马山镇马山村	综合	50	1.06	16	15.09	驾校

续表

入市时间	地点	土地用途	出让年限（年）	面积（亩）	总价（万元）	单价（万元/亩）	受让人
2017年3月	马山镇马山村	综合	50	0.21	4	19.05	驾校
2017年3月	马山镇马山村	综合	50	0.38	7	18.42	驾校
2017年3月	黄家坝街道官堰居委会	商业	50	0.55	22	40	个人

资料来源：湄潭县国土局。

三 农村集体经营性建设用地入市面临的外部约束

2017年9月，中央批准对包含农村集体经营性建设用地入市在内的农村土地改革试点延期一年，表明改革的预期目标没有完全达到，改革的深度和力度有待进一步提高，改革出台的政策需要进一步完善。之所以造成如此结果，根本上还是因为面临诸多外部约束，湄潭县的调研情况也进一步验证了这一判断。

（一）农村集体土地产权残缺

按照周其仁（1995）的解读，我国农村集体产权既不是一种共有的、合作的私有产权，也不是一种纯粹的国有所有权，它是由国家控制但由集体来承受其控制结果的一种农村社会主义制度安排。这一特殊的、有点类似中间体的产权模式虽然是从新中国成立初期农民私有产权上演变而来，但是农民私有产权又是借助国家力量强力推进土地革命的结果，这就决定了农村集体产权内嵌了太多的国家意志，从农民角度来说不可避免存在产权残缺的问题。

就农村集体经营性建设用地而言，产权残缺的一大表现为用益物权严重受限。与国有建设用地可以广泛用于工商业、房地产等各类建设开发相比，《物权法》关于农村集体建设用地用益物权的规定仅限于第 151 条"集体所有的土地作为建设用地的,应当依照土地管理法等法律规定办理",而《土地管理法》第 43 条明确规定了集体建设用地的使用范围,即"兴办乡镇企业和村民建设住宅,或者乡(镇)村公共设施和公益事业建设",除此之外,任何单位和个人使用土地进行建设,必须依法申请使用国有土地。《土地管理法》第 63 条还规定:"农民集体所有的土地的使用权不得出让、转让或者出租用于非农业建设。"所以,在现行法律下,农村集体经营性建设用地不仅使用和流转范围极其有限,而且还被锁定于收益有限的领域,无形中也极大地抑制了各类经济主体参与集体建设用地入市的积极性。即便是类似于湄潭这样的试点地区可以突破现行法律,但在入市后土地用途上也大都被限制用于房地产开发。此举不仅降低了农村集体经营性建设用地的市场需求,也大大抑制了农村集体经营性建设用地的市场价值。

(二)农村集体土地所有权行使机制不畅

根据《土地管理法》第 10 条的规定,"农民集体所有的土地依法属于农民集体所有的,由村集体经济组织或者村民委员会经营、管理;已经分别属于村内两个以上农村集体经济组织的农民集体所有的,由村内各该农村集体经济组织或者村民小组经营、管理;已经属于乡(镇)农民集体所有的,由乡(镇)农村集体经济组织经营、管理"。按此理解,农村集体经营性建设用地的所有权人应是农民集体,但现有法律法规并没有明确界定农民集体是什么,农民集体本质上是一个虚拟主体,现实中多以农村集体经济组织、村民委员会、村民小组等主体代之行使所有权人职能,这不仅导致农村集体经营性建设用地的入市主体混乱和区域间差异明显,还因为全国大部分地区没有农村集体经济组织,造成实际操作中不得不过度依赖村委会或村民小组这一政经不分、非独立法人的自治组织。在当前农村社会治理危机的大背景下，一些村民自治制度不健全的地区村干部往往实际行使农村集体经营性建设用地入市主体职权，为土地入市收益分配不公、村官贪腐和社会矛盾埋下了隐患。

（三）农村集体经营性建设用地边界不清

按照全国人大常委会的授权和国土部的说明，在符合规划、用途管制和依法取得的前提下，允许存量农村集体经营性建设用地使用权入市。但是不同地区、不同学者对可入市的农村集体经营性建设用地范围依然存在较大争议。

首先，存在所谓的"圈内"和"圈外"之争。这一争议主要围绕入市的集体经营性建设用地是否应该限定在"土地利用规划确定的城镇建设用地范围外"。如果按照《宪法》的规定，城市土地属于国有，"圈内"的农村集体建设用地就只能通过征地实现国有化后才能流转，只有"圈外"的农村集体建设用地才能直接入市，但是位于城郊的"圈内"集体建设用地往往是农村土地中价值最高的部分，也是入市潜力和可行性最大的部分，如果将其排除在外，农民入市意愿将大大降低。如果允许"圈内"农村集体建设用地直接入市，又面临与《宪法》规定的冲突。而且，圈内圈外的划分本身就是人为的，农民、集体和政府都会尽力影响边界的划定，在政府强势力量主导下，圈内的范围可能会被不合理地放大（宋志红，2015）。

其次，"存量"的界定存在争议。虽然中央为了避免新增农村集体经营性建设用地可能引发的乱占耕地、违规改变土地性质等行为，只规定"存量农村集体经营性建设用地使用权入市"，但考虑到农村集体经营性建设用地直接入市能够产生较高的经济回报，农民和村集体因此就有足够动力争取将尽可能多的集体建设用地纳入到"经营性"的范围内，尤其是存在历史争议和用地性质模糊的集体建设用地。同时，即便地方政府出台政策完美解决了历史争议和用地性质模糊的问题，但对"存量"的理解依然有三种范围不断扩大的解释，即可入市土地只有现状集体建设用地中符合"两规"（土地利用总体规划和城乡规划）的经营性用地；可入市土地是在存量集体经营性建设用地总规模控制下，符合"两规"的集体经营性建设用地；可入市土地是在存量集体建设用地总规模控制下，依据"两规"确定的集体经营性建设用地（董祚继，2016）。第一种解释会导致可入市的农村集体经营性建设用地极为有限，第二种解释为异地调整入市提供了可能性，最后一种理解实际上已将闲置的农村宅基地也纳入到集体经营性建设用地范围，湄潭县即采用了这一更为宽松的解释。显然，不同的解读不仅决定了农村集体经营性建设用地的入市规模、入市方式，还关系到能否实现与农村宅基地制度改革的最终合流。

（四）土地财政诱惑扭曲地方政府行为

在现有财税制度下，地方政府为了强化财力的可支配权，满足投资冲动（范子英，2015），实现经济社会持续快速发展，长期以来依靠土地资源的运营来增加收入。近年来土地财政收入占地方本级财政收入的比重基本都维持在40%以上，占地方政府可支配财力的比重也超过了1/3，甚至一度逼近1/2（见表4-2）。这其中地方政府垄断建设用地供应是关键，并通过将农村各类土地征收转变为国有建设用地，获取高额的土地增值收益。随着农村集体经营性建设用地入市改革的深入推进和规模扩大，农村集体必将成为地方政府土地供给竞争主体，打破地方政府垄断建设用地供应的格局，进而损害地方财政倚重的土地出让金及相关收益，在现行财税体制下还可能加剧地方政府债务膨胀。根据测算，农村建设用地入市对土地紧缺的经济发达地区影响最大，其中江苏、浙江地区土地出让收益将减少23.4%，对经济欠发达但又比较依赖土地财政的部分中西部省区（四川、重庆、湖北、河北、安徽、江西、湖南、河南）地方政府债务具有显著的恶化作用（王玉波，2016）。

在地方政府收益最大化假设下，就可以得出：一方面地方政府会尽可能弱化农村集体经营性建设用地入市改革的深度和广度。出台措施避免任何组织成为另外一个建设用地供应者，或者尽可能限制农村集体经营性建设用地的使用范围，实现与国有建设用地用途的差异化；另一方面地方政府会尽可能将农村集体经营性建设用地入市改革纳入到现有土地制度框架内。采取城乡建设用地增减挂钩等措施避免农村集体经营性建设用地直接入市，并通过收取税费、土地出让收入等获得尽可能多的土地增值收益，或者强化农村土地征收，压缩农村集体经营性建设用地入市空间。即便是农村征地制度改革试点地区，明确农地征收边界、缩小农地征收范围的改革初衷也因此很难得到落实。[①]鉴于此，地方政府对深入推动农村集体经营性建设用地的入市改革缺乏足够动力，本应居于主体地位的农民和村集体在农村集体经营性建设用地入市改革中又处于弱势地位，最终延缓了农村集体经营性建设用地入市改革进程。

表 4-2　　　　　　近年来地方政府土地财政收入情况表（亿元）

项目	年份	2012	2013	2014	2015	2016
土地税收收入（a）	城镇土地使用税	1541.72	1718.77	1992.62	2142.04	2255.74
	土地增值税	2719.06	3293.91	3914.68	3832.18	4212.19
	契税	2874.01	3844.02	4000.7	3898.55	4300
	房产税	1372.49	1581.5	1851.64	2050.9	2220.91
	耕地占用税	1620.71	1808.23	2059.05	2097.21	2028.89

---

① 在湄潭县某村调研时，就发现村里靠近湖泊、临近公路的连片集体经营性建设用地被乡镇政府提前征收，虽然 30 多家企业有用地需求，但村集体对该地块何时入市、如何入市已无话语权。

续表

项目	年份	2012	2013	2014	2015	2016
土地非税收入（b）	新增建设用地土地有偿使用费收入	773.24	699.22	556.03	559.68	472.03
	国有土地使用权出让金收入	26652.4	39072.99	40385.86	30783.8	35639.69
	国有土地收益基金收入	897.32	1259.67	1413.89	1024.97	1189.57
土地财政收入	总额（a+b）	38450.95	53278.31	56174.47	46389.33	52319.02
	占地方本级财政收入比重（%）	63.0	77.2	74.0	55.9	60.0
	占地方公共财政收入比重（%）	36.1	45.5	44.1	33.6	35.7

注：根据李尚蒲、罗必良（2010）的研究，土地财政收入包括土地税收收入、土地非税收入和土地隐性收入（如以划拨、协议出让等非市场化方式供应土地，获得招商引资后的税收收入，以及通过各种地方土地运作机构，获得土地资产抵押贷款），这里仅根据数据可获得性计算前两大来源。

资料来源：财政部网站。

（五）欠发达地区经济发展用地需求不足

类似于湄潭县这样的经济欠发达地区，计划内的国有建设用地年度指标经常有富余，地方政府推动农地入市的急迫性不强，用地企业也更愿意使用权属更清晰、用途更广泛、抵押更方便的国有建设用地。而且，国有建设用地作为招商引资的砝码，工业用地价格往往被人为压低，农村集体经营性建设用地在工业用途上反而更加市场化，成交价往往比同等用途的国有土地高。① 较高的价格明显抑制了工业企业对农村集体经营性建设用地的需求。同时，广大农村地区普遍缺乏产业发展规划引导，城市工商资本下乡投资涉农产业既无明确预

---

① 在湄潭县调研发现，农地入市以来，湄潭县工业用途的农村集体经营性建设用地成交价普遍在15万元/亩以上，远高于国有工业用地每亩8万—10万元的价格。

期，也容易遭遇政策调整影响，这些都在一定程度上制约了农村集体经营性建设用地的需求。

四 基于农村集体经营性建设用地入市全过程的分析

（一）谁来入市

按照国土资源部印发的《农村土地征收、集体经营性建设用地入市和宅基地制度改革试点实施细则》（以下简称《实施细则》），农村集体经营性建设用地入市主体可以是村集体经济组织、村民委员会或村民小组，也可以探索由代表其所有权的农民集体委托授权的具有市场法人资格的土地股份合作社、土地专营公司等作为入市实施主体。从试点地区的实际操作来看，基本上遵循了《实施细则》的规定，对于实施了农村集体经济股份制改革的地区，大多会选择由改革后的农村股份经济合作社这一集体经济组织来实施入市，如贵州湄潭县、北京大兴和四川郫县选择了成立集体资产管理公司或土地股份联营公司，授权其作为农村集体经营性建设用地入市的代理人，对于集体经济组织发展相对滞后的地区，通常会选择由村民委员会来实施入市（见表4-3）。

表4-3　　若干试点地区农村集体经营性建设用地入市主体情况表

试点地区	入市主体
浙江德清县	代表集体经营性建设用地所有权的农村集体经济组织，通常由村股份经济合作社（村经济合作社）或其代理人作为入市实施主体。
贵州湄潭县	农村集体经济组织，主要由农村股份经济合作社作为入市主体。
辽宁海城市	没有农村集体经济组织的试点地区，可以由村民委员会代表行使集体土地所有权，但应当取得该农民集体2/3以上成员或2/3以上成员代表同意。

续表

试点地区	入市主体
河南长垣县	根据全县无农村集体经济组织的现实，直接规定了由村民委员会担任入市主体。
北京大兴区	农村集体经营性建设用地入市实施镇级统筹，由镇集体资产管理委员会牵头，以相应的村集体经济组织为团体成员，组建集体所有制性质的镇土地股份联营公司，作为入市实施主体，统筹经营管理镇域或片区范围内集体经营性建设用地入市相关事宜。
四川郫县	两套方案：一套是由镇（街道）、村、村民小组成立集体资产管理公司，代表该农民集体行使农村集体经营性建设用地的使用权。村民小组也可采取委托授权方式，授权村级集体资产管理公司作为入市主体。另一套是成立镇（街道）级、村级、村民小组级股份经济合作社（联社），作为该农村集体经营性建设用地入市的实施主体，代表农民集体行使农村集体经营性建设用地的使用权。
黑龙江安达市	截至2017年8月共入市农村集体经营性建设用地4宗，均以村委会代表农民集体担任入市主体。

按照委托代理理论，委托代理关系源于专业化分工的发展，实质是所有权人放弃直接经营权，委托自己挑选的、更具管理经验的代理人进行经营，并通过机制设计为代理人提供某种激励，使其按照有利于委托人的利益和目标进行工作（刘义安和陈海明，2003）。在农村集体经营性建设用地入市中发生的委托代理关系，非常类似于国有企业，也存在与国有企业类似的委托代理关系问题。首先，委托代理关系复杂。从试点地区的实践可以发现，由于农村集体经营性建设用地委托人是虚化的"农民集体"，各地不得不在缺乏初始委托人授权的情况下，借助政府行政力量代替"农民集体"实施委托代理关系决策，这实际上已经是对全体农民集体权益的严重干预。在此基础上，如果类似于北京大兴那样进行镇级统筹、公司代理，就进一步削弱了农民集体的话语权和主体地位，还大大延长了委托代理链条，形成了农民集体→村集体经济组织→镇集体资产管理委员会→镇土地股份联营公司→经理人员四层委托代理关系，大幅增加了对代理人监管的成本和信息传递的损耗。其次，委托人监督动力不足且能力有限。由于存在

信息不对称，为监督代理人的行为，委托人需要付出监督成本（刘义安和陈海明，2003）。但是农民集体不仅是虚拟的，而且由众多异质性很强的农民个体组成，再加上农村集体经营性建设用地入市收益归集体所有，极易出现监督"搭便车"问题，即每个集体成员都希望别人花费精力和时间对代理人进行监督，而自己坐享其成。同时，许多地区农民受教育程度低，既不懂现代企业管理，也不熟悉产权交易及其金融化操作程序，无足够的能力对代理人行为进行监督。在内控制度和激励机制不健全的情况下，代理人就可能借助信息和能力优势实施机会主义行为。最后，契约关系非市场化。由于农村集体经营性建设用地入市更多属于政府主导型改革，还面临与地方政府国有建设用地市场竞争的挑战，这就决定了委托人无法完全按照市场方式开展委托代理活动，代理人的业绩也不完全取决于其能力，还与改革进展和政策动向高度相关，代理人因此也就缺乏动力和压力来提升自身水平（王炳文，2014）。

（二）如何入市

按照《实施细则》的规定，集体经营性建设用地入市可以选择就地入市、调整入市和城中村整治入市三种途径。[①] 其中，调整入市不仅解决了广泛存在的农村集体经营性建设用地分散化问题，也为地处偏远、环境恶劣的地块寻找到了提高土地增值收益的途径，能够有效提高农村集体经营性建设用地配置效率。从实践来看，浙江德清县、

---

① 从试点地区看，就地直接入市不但操作相对简单，而且土地规模小，且对地块区位要求高，例如贵州湄潭县可直接入市集体经营性建设用地仅为12.35公顷，仅占全县集体经营性建设用地面积的4%，所以就地入市并不是本书研究的重点。城中村整治入市土地不仅规模小，而且土地所有权状态存在国有、集体所有单一或混合形态，土地使用权也存在违规乱建、多种形式开发、征地拆迁纠纷等复杂情形，再加上城中村整治入市土地已划归城镇规划范围，所以该入市方式也不是本书研究的重点。

贵州湄潭县、海南文昌市、北京大兴区、广东南海区等试点地区均探索实施了农村集体经营性建设用地调整入市。

调整入市涉及两个农民集体，一个是指标落地的农民集体，一个是贡献指标的农民集体，这其中就涉及土地发展权的转移。按照土地发展权转移的定义，农村集体经营性建设用地发展权转移可以界定为土地所有者将发展权的一部分或全部通过市场机制流转给他人，发展权在让渡出的土地上作废，让渡土地因此受到严格的开发限制，受让土地获得更高的土地开发强度，受让土地所有者同时也要给失去发展权的土地所有者合理的经济补偿。当前采取调整入市的试点地区基本上符合了农村集体经营性建设用地发展权转移的基本要义，但是在操作细节上与发达国家土地发展权转移实践还有较大差距，也存在一些潜在的问题。首先，还未建立起有效运作的指标交易市场。目前的调整入市更多是"一事一议"性质的临时交易行为，村集体缺乏详细的入市规划，也没有一个信息交换平台反映指标落地村的用地需要和指标贡献村的供给能力，农村集体经营性建设用地指标更没有实现标准化，试点地区政府不得不下大力气进行撮合。其次，指标落地村有过度开发倾向。相对于就地入市，调整入市中指标落地村集体还要额外向指标贡献村集体购买集体经营性建设用地发展权，所以指标落地村集体为覆盖成本就有足够动力遴选开发商，以便对获得的农村集体经营性建设用地进行高强度开发。而在美国的土地发展权转移中，明确规定了接受区可以额外获得的开发密度（包括容积率、建筑密度、建筑高度等），此举不仅赋予土地开发权更为清晰的内涵，也有助于抑制接受区对土地进行过度开发，破坏乡镇景观和绿地生态。最后，农村集体经营性建设用地供给指标可能会大于需求。类似湄潭这样的经济欠发达地区，主要是需求不足。在此情形下，如果处理不好就可能导致农村集体经营性建设用地入市无序竞争，扰乱市场秩序，损害农民权益。

（三）入市收益如何分配

按照《实施细则》的规定，要建立兼顾国家、集体、个人的土地增值收益分配机制。政府首先按照合理比例收取农村集体经营性建设用地入市土地增值收益调节金，土地增值收益按规定比例留归集体后，再在农村集体经济组织成员之间公平分配。2016年，财政部、国土资源部联合印发了《农村集体经营性建设用地土地增值收益调节金征收使用管理暂行办法》，明确规定"调节金分别按入市或再转让农村集体经营性建设用地土地增值收益的20%—50%征收"，从湄潭县和其他试点地区的实践看，征收比例的上限都没有超过50%，征收下限最低达到了8%（见表4-4），而且许多试点地区还明确了《实施细则》中规定相对模糊的土地增值收益调节金用途，主要是用于城镇和农村基础设施建设支出。

表4-4　若干试点地区农村集体经营性建设用地入市收益分配情况表

试点地区	入市主体
浙江德清县	出让人按成交地价总额区分不同情况按比例缴纳调节金，入市土地位于县城规划区的，商服类用地按48%缴纳，工矿仓储类用地按24%缴纳；入市土地位于乡镇规划区的，商服类用地按40%缴纳，工矿仓储类用地按20%缴纳；其他地块商服类用地按32%缴纳，工矿仓储类用地按16%缴纳。受让人按成交地价总额的3%缴纳调节金。调节金主要统筹用于城镇和农村基础设施建设、农村环境整治、土地前期开发等支出。集体经营性建设用地以出让、租赁方式入市的，其入市收益作为集体积累，统一列入集体公积公益金进行管理。集体经营性建设用地以作价出资（入股）方式入市的，明确采取"固定收益+分红"方式获取投资收益，在扣除必要的投资费用后，应将不少于30%的再收益按股份分红，其余可维持村级组织日常运行。集体经营性建设用地属村内其他集体经济组织（村民小组）的，其入市收益在扣除国家相应税费、村集体提留以及入市的相关费用后，可用于农户分配。也可委托村股份经济合作社（或村经济合作社）对外投资、购买物业、股份合作、购买政府性债券等，所得收益再进行分配。

续表

试点地区	入市主体
辽宁海城市	对工矿仓储类用地以出让方式首次入市取得的土地增值收益，政府原则按30%比例提取土地增值收益调节金，其余70%用于村集体和农民个人收益；对工矿仓储类用地以租赁、作价出资（入股）方式首次入市取得的土地增值收益，政府原则按10%比例提取土地增值收益调节金，其余90%用于村集体和农民个人收益。对商服类用地以出让方式首次入市取得的土地增值收益，政府原则按40%比例提取土地增值收益调节金，其余60%用于村集体和农民个人收益；对商服类用地以租赁、作价出资（入股）方式首次入市取得的土地增值收益，政府原则按20%比例提取土地增值收益调节金，其余80%用于村集体和农民个人收益。
北京大兴区	征收土地增值收益调节金的比例范围为土地交易总额的8%—30%，统筹用于农村基础设施建设支出，以及农村经济困难群众的社保补贴和特困救助。土地入市后收益去除成本外，优先用于项目滚动发展，待该联营公司所统筹土地全部入市后，再对所有集体经济组织成员进行"二次分红"；地块上市后，合理设计留地、留物业、留资产和入股经营等方式，确保农民每年都有稳定收入。
四川郫县	外部收益分配方面，按照"分区位、有级差"的思路，根据入市土地所在区域的基准地价、规划用途以及入市方式的不同，分别收取出让价款的13%—40%作为入市土地增值收益调节金。入市后再进行转让、出租的，以土地收入的3%缴纳增值收益调节金；内部收益分配方面，以"二八开"作为村民与集体之间的收益分配指导原则，将不低于入市收益的80%作为集体经济组织的公积金和公益金，规定不得投资股市、民间借贷等高风险业务，剩下部分用于集体经济组织成员分红。

农村集体经营性建设用地入市收益分配涉及主体众多，其复杂性远高于国有建设用地，也因此产生了许多突出问题。首先，农村集体经营性建设用地增值收益的归属之争。具体表现为集体经营性建设用地增值收益"归公"还是"归所有者"。前者的支持者认为土地增值收益是社会发展的结果，更多依靠自然区位和政府的规划和建设所推动，农村集体经营性建设用地更是如此，政府不仅强力推进入市改革，还深度参与规划、土地整治、撮合交易等各环节，而农民和集体在其中的作用极为有限。后者的支持者认为土地的发展权衍生于所有权，基于发展权转移产生的收益权也应归所有权人，农村集体经营性建设用地归集体所有，其增值收益自然也应属于农民集体。现实多

选择了第三条道路，即增值收益由政府和所有者共享，但政府的强势地位造成农民在收益分配方案的制定和实施过程中缺乏话语权，也无法监督土地增值收益调节金的使用。其次，农村集体经营性建设用地增值收益存在内部分配难题。内部分配主要是解决集体土地所有者所获收益在集体成员之间的分配问题，如果处理不好，则会遭遇农民的反抗甚至引发群体性事件（刘志红，2015）。按照奥斯特罗姆的公共资源设计核心三原则，即有权提取资源或获取收益的个人和家庭必须明确规定；占用者设计自己制度的权利不受外部政府威权的挑战；绝大多数受操作规则影响的个人应该能够参与对操作规则的修改。第一条原则要求明确哪些人有权参与农村集体经营性建设用地入市收益分配，这在湄潭县等试点地区基本得到了解决，即通过界定集体经济组织成员来明确能够获得收益的人群边界。第二、三条原则要求农民在集体所获收益分配中处于主体地位，至少能够参与规则制定。从试点地区来看，湄潭县集体与个人成员分配比例由集体经济组织成员民主决议，但不少地区直接规定了集体与农民各自所获的比例，或者将农民集体所获收益部分作为集体积累，经营投资后的收益再给予农民分红。虽然政府作为集体土地内部收益分配规则的制定者，可以避免农民短视行为造成的一次性分光吃净，但是剥夺了农民内部收益规则制定参与权与知情权，其监督权也很难得到保障。最后，农村集体经营性建设用地二次流转收益分配机制不全。目前试点地区主要聚集于农村集体经营性建设用地首次入市和首次分配，二次流转的主体、方式和收益分配都缺乏系统的机制设计。只有郫县规定二次流转要缴纳3%的增值收益调节金。随着农村集体经营性建设用地入市改革的逐渐完善，农村集体经营性建设用地市场潜力会进一步释放，建设用地稀缺的大背景决定了农村集体经营性建设用地价值将呈现增长趋势。与首次入市不同，农村集体经营性建设用地二次流转的主体，极可能是取得农村集体经营性建设用地一定年限使用权的企业或其他市场主体。

如果对农村集体经营性建设用地二次流转收益分配缺乏合理的制度规定，就会诱发企业囤地，造成一次流转就剥夺了农民和集体获取农村集体经营性建设用地长期土地增值收益的权益。

五 深化农村集体经营性建设用地入市改革的思考

（一）持续完善试点地区入市方案

基于湄潭县的调研和上述分析，下一步需要针对性地解决农村集体经营性建设用地入市改革中出现的问题。

第一，明确农村集体经济组织入市主体地位，提高委托代理效率。"农民集体"实体化是农村集体经营性建设用地入市的前提，从试点情况看，可以将"农民集体"具体化为农村集体经济组织，并规定建立起有效法人治理结构的农村集体经济组织是集体经营性建设用地入市的前置条件，由农村集体经济组织行使农村集体经营性建设用地所有权人职能。也可以参照湄潭县做法，实施农村股份权能改革，并明确农村股份经济合作社是集体经营性建设用地入市主体。而且，可以参照浙江等地做法，明确农村集体经济组织的独立法人地位，将农村股份经济合作社工商登记为非公司企业法人，厘清村两委和农村集体经济组织之间的关系和职能边界，与村两委实行分账管理、分账使用，农村集体经济组织要达到财务独立、收支自由。此举不仅能够规范农村集体经营性建设用地的入市主体类型，也能避免村委会或基层政府代行"农民集体"职权所引发的潜在矛盾。同时，根据各地农村集体经济组织的经营能力，可以由经营能力较强的农村集体经济组织直接作为入市实施主体（委托代理关系：农村集体经济组织→管理者），也允许经营能力不足的农村集体经济组织委托专业性公司作为入市实施主体（委托代理关系：农村集体经济组织→专业性公司→管理者），但都必须建立起有效的激励约束机制。激励方面，明确受托人的薪酬标准，发达地区可实施股权激励加年薪制，欠发达地区要将受托人基本薪酬纳入村运营经费，并根据股份经济合作社经营状况给予股权激励和荣誉奖励。约束方面，农村集体经济组织财务收支要接受村民代表大会、村两委、村务监督委员会和政府审计部门的监督，定期公示农村集体经营性建设用地入市收益分配和使用情况，调动农民群众监督积极性。

第二，建立规范的农村集体经营性建设用地指标交易市场。试点地区要建立县、村两级农村集体经营性建设用地入市规划，充分调查异地调整入市供需双方需求。按照土地发展权转移要求，先将分散、小块的农村集体经营性建设用地标准化，明确开发密度和流转年限，形成可调整入市交易的指标，然后在国有土地交易平台上"招、拍、挂"流转。同时，推广德清县经验，采取预申请制度，以需求定供给，并按照复垦耕地质量、入市土地集中度、集体经济组织声誉、入市收益分配合理性等，委托专门机构建立农村集体经营性建设用地指标入市评分体系，按照分数高低确定入市优先顺序。此外，由地方国土部门实时监督指标落地村的土地开发密度，设置开发密度过低和过高标准，并制定相应的处罚措施。

第三，提高农民和集体在入市收益分配中的话语权。在现有试点经验基础上，完善县级农村集体经营性建设用地入市方案和入市收益分配方案，在此过程中要充分公示，广泛征求农村集体经济组织和农民的意见。在发挥入市收益分配方案政府引导性的同时，要给予农民和农村集体经济组织多种方案选择权，要明示土地增值收益调节金的收取理由和收取标准，明确农村集体经济组织入市收益内部分配由集体经济组织成员民主决议，在入市土地收益内部分配上，政府只有建议权，没有决策权。同时，根据农村集体经营性建设用地入市改革进程，尽快制定农村集体经营性建设用地二次流转收益分配方案，在征求利益相关者意见的前提下，明确使用权人、农民集体和政府三方收益分配比例。

第四，破除入市过程中基层政府与民争利的制度环境。一方面，要扎实推进农村土地征收制度改革。严格落实农地征收报批、听证程序，从国家层面出台明确的公共利益用地的指导性范围，试点地区尽快制定并公开发布土地征收目标，对于村集体和农民有异议的农地征收，必须形成具有共识性的解决方案。另一方面，要调动地方政府参与改革的积极性。对于财力紧张地区，短期内仍允许地方政府控制农村集体经营性建设用地入市规模和节奏，避免冲击国有建设用地市场，在入市土地的优先序上增加入市土地亩均税收贡献额，允许土地增值收益调节金用于改善入市土地基础设施配套能力，提高地方政府综合收益（调节金+土地税收+非土地税收）。长期内建立权责对等、财力均衡的中央、地方财政关系，适度提高地方政府尤其是基层政府的税收分成，加大对乡镇政府的财政转移支付力度，弱化直至取消基层政府经济发展职能及其考核，逐步推动政府部分社会管理职能向社会组织转移，大幅降低基层政府投资冲动和财政支出压力。

第五，激活农村集体经营性建设用地需求。针对欠发达地区农村集体经营性建设用地市场需求不足的问题，需要从政府和市场两个层面共同努力。首先规范国有工业用地市场价格。从严落实挂牌出让方式，明确招拍挂条件和出让合同条款，国土督察部门要建立低地价举报平台，规范各地违规低地价恶性招商竞争，打消国有工业用地价格优势。其次增加农村集体经营性建设用地吸引力。探索允许农村集体经营性建设用地用于房地产项目，鼓励有条件地区尽快制定农村产业发展专项规划，积极推动农村一二三产业融合发展，扶持发展设施农业、农村电商、乡村旅游、田园综合体等新产业、新业态，增加农村产业建设用地需求。

（二）打通两大农村土地制度改革试点

鉴于农村集体经营性建设用地规模有限，后续入市规模也会逐年下降，对推动形成城乡建设用地统一市场的政策边际效应也会越来越小，可以考虑在农村集体经营性建设用地入市改革取得显著成效的试点地区，借鉴湄潭县经验，探索打通农村集体经营性建设用地入市改革与农村宅基地制度改革，即在存量农村集体建设用地总规模控制下，依据"两规"可以将闲置的合法农村宅基地视同农村集体经营性建设用地。为了防止入市农村宅基地面积过大，扰乱市场秩序，一方面可以由国土部门根据经济社会发展和城乡规划建设需要，制订农村集体经营性建设用地入市规划和年度入市计划；另一方面可以借鉴湄潭县做法，要求入市的宅基地应该满足三大条件，即村集体同意、农户居住条件有保障和有偿使用。而且，2017年8月国土部和住建部联合印发了《利用集体建设用地建设租赁住房试点方案》，这一新的试点政策实际上进一步突破了农村集体建设用地入市后的用途限制，有助于提高农村集体建设用地的经济价值，且在范围上没有仅限于集体经营性建设用地，这意味着符合条件的农村宅基地也可以建设租赁住房，这为打通两大改革试点提供了政策契机。

第五章
国内农村土地流转典型模式与经验借鉴

一 引言

新中国成立后,我国的农村土地制度经历了土地改革、农业集体化到家庭联产承包责任制三个鲜明的发展阶段。其中,1950—1953年,是全国土地改革时期,到1953年初,除了新疆、西藏等少数地区之外,全国土地改革基本完成,确立了农民私人土地产权制度,农民享有农村土地的所有权、使用权、处置权和收益权等完整产权;1954—1978年,是农业集体化时期,政府借助"互助组—初级社—高级社—人民公社"和"统购统销"的一系列强制性措施,将农村土地由"私有"变为"公有",逐级收回了土地所有权,以及附于土地所有权之上的经营权和收益权;1979年至今,是确立并完善家庭联产承包责任制时期,借助"人民公社—生产队—不联产责任制—联产责任制—包产到组—包产到户"(1979—1983年),确立了土地的集体所有、农户家庭承包经营的基本形态,并借助《中共中央关于一九八四年农村工作的通知》(1984)和《中共中央、国务院关于当前农业和农村经济发展若干政策措施》(1993)不断延长承包期至30年,将农村土地的使用权、处置权、收益权赋予农民,并探索实施农村土地承包经营权分离,鼓励并推动农村土地流转。21世纪以来,国家通过一系列政策文件和法律法规完善了农村土地流转制度(见表5-1),我国进入农村土地经营权加快流转的新阶段。

表 5-1 21 世纪以来促进土地流转的相关政策文件和法律法规一览

年份	政策文件或法律法规	主要内容
2003	《农村土地承包法》	第一次以法律形式认可了土地承包经营权流转的合法性，比较详尽地规定了土地承包经营权流转的原则、程序、流转合同的条款等。
2005	《农村土地承包经营权流转管理办法》	对流转方式、合同的签订、流转管理等做出了进一步详细、明确规定，从而促进了承包经营权流转在实践中的可操作性，规范了农村土地承包经营权流转行为。
2007	《物权法》	将土地承包经营权纳入用益物权之列，并规定用益物权人对他人所有的不动产或者动产，依法享有占有、使用和收益的权利，实现了农村土地产权的"物权化"。
2013	中央一号文件	鼓励和支持承包土地流转，发展多种形式的适度规模经营，并用 5 年时间基本完成农村土地承包经营权确权、登记、颁证工作，为土地流转奠定基础。
2014	《关于引导农村土地经营权有序流转 发展农业适度规模经营的意见》	为引导农村土地（指承包耕地）经营权有序流转、发展农业适度规模经营提供了更加精细的政策指引。
2016	《农村土地经营权流转交易市场运行规范（试行）》	明确了在土地流转交易市场进行交易的相关规程。
2016	《关于完善农村土地所有权承包权经营权分置办法的意见》	继家庭联产承包责任制后农村改革又一重大制度创新，为推动农村土地经营权流转奠定了坚实的制度基础。
2020	《农村土地经营权流转管理办法》	对土地承包经营权转让、互换和土地经营权流转（出租、转包、入股或其他方式）做出了明确区分，强化了对工商企业等社会资本流转取得土地经营权的监管和风险防范。

资料来源：笔者整理。

在此大背景下，全国农村耕地流转规模迅速增加。根据农业部的统计，2007 年，全国家庭承包耕地流转面积约为 6372 万亩，仅占家庭承包耕地总面积的 5.2%。2017 年底，全国家庭承包耕地流转面积就达到了 5.12 亿亩，占家庭承包经营耕地总面积的 37%。有 5 个省市家庭承包耕地流转比重达到 50% 以上，其中上海 75.4%、北京 63.2%、江苏61.5%、浙江56.8%、黑龙江52.1%。流转出承包耕地的农户达7070.6万户，占家庭承包农户数的31.2%。到2018年底，全国家庭承包耕地流转面积进一步超过了5.3亿亩。在此过程中，各地因地制宜，积极探索出了多种形式的农村土地流转模式，为更好地引导企业介入农村土地流转提供了有益的启示。

二 农村土地流转模式的总体框架

基于土地经济学和新制度经济学等理论基础，农村土地流转制度框架涉及农村土地流转的事前、事中和事后三个环节，分别对应农村土地流转前的组织模式，土地流转中对农民的补偿方式，以及土地流转后的经营模式、融资模式和以政府为主导的土地流转风险防控方式等。其中，农村土地流转的组织模式居于核心地位，因此可以依据组织模式将土地流转全流程进行串联分析（见图5-1）。

按照参与主体的组织形式，可以将农村土地流转组织模式分为三大类：第一，"企业+农民"自主流转模式，现实操作中以农民直接用土地入股企业的重庆"东江模式"为典型代表，农民获得股份分红和就业补偿，企业以自主经营为主，借助与农户之间的利益分享机制规避农户违约风险；第二，"企业+村集体（政府）+农民"模式，是农村土地流转中最普遍的形式，村集体或政府多充当土地流转经纪人，农民以获得单一的货币补偿或者实物补偿为主，企业也以自主经营为主，借助村集体或政府的关系和支持规避农户违约风险；第三，"企业+中介组织+农民"模式，这里特指除村集体和政府直接参与之外的，以中介机构为依托的农村土地流转模式。中介机构不仅组织农户统一对外流转土地，也可以规范农户行为帮助企业规避农户违约风险，该模式现实实践非常丰富。根据各地土地流转具体案例，可以总结为四个类型，首先是以苏州为代表的"企业+土地股份合作社+

农民"模式,农户获得股份分红补偿,企业以自主经营为主,成都崇州地区在土地股份合作社模式的基础上创造性地发展出了职业经理人委托经营模式,并借助自提风险基金办法防范经营风险;其次是以成都彭州为代表的"企业+土地银行+农民"模式,农户获得利息补偿,企业以自主经营为主;再次是以成都为代表的"企业+产权交易平台+农民"模式,农户以获得单一的货币补偿或者实物补偿为主,企业也以自主经营为主,可以借助土地流转风险基金防范经营风险;最后是以中信信托为代表的"企业+土地流转信托+农民"模式,农户获得基本地租和浮动收益,并借助信托机构防范企业经营风险。

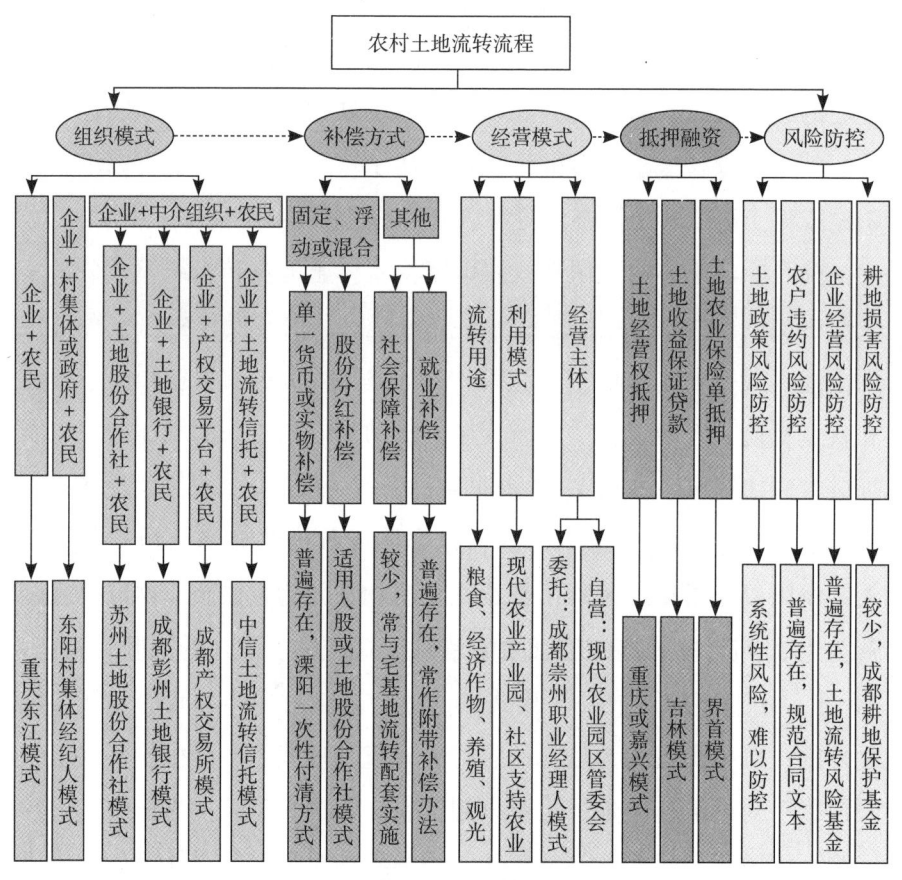

图 5-1 农村土地流转模式框架

除与农村土地流转组织模式对应的补偿方式之外,从理论上看,补偿方式包括固定收益补偿、浮动收益补偿、混合补偿,以及社会保障和就业等其他补偿。其中,现实实践中的补偿模式包含了前三种补偿方式和其他补偿方式中的就业补偿,但社会保障补偿较少单独出现,主要是因为社会保障支出巨大,耕地流转难以弥补社会保障支出缺口,所以在浙江嘉兴"两分两换"的承包地换社保实践中,需要配套宅基地流转。基于此,在下文中不再分析社会保障补偿方式。

土地流转之后,企业如何经营与当地农业生产条件、企业自身特点以及市场定位等相关,并不与组织模式一一对应,目前经营模式主要由流转用途、经营主体和利用模式三部分组成,分别对应土地流转后的"种什么?谁来种?怎么种?"三大核心问题。其中实践层面具有代表性的经营主体包含委托给专业的农业企业或职业经理人进行代种,或者采取农业园管委会自主经营。利用模式主要是建立现代农业园区(含台湾农民创业园)和社区支持农业。农村土地流转抵押融资和风险防控作为农村土地流转的配套服务内容,也不与组织模式一一对应。在农村土地流转抵押融资方面,各地实践中探索出了使用土地经营权、土地未来收益、土地农业保险等抵押贷款,分别对应重庆—嘉兴模式、吉林模式和界首模式。按照风险源,可以将农村土地流转风险划分为国家土地政策风险、农户违约风险、企业经营风险和耕地损害风险。其中,除了农户违约风险和企业经营风险之外,国家土地政策风险属于系统性风险,企业几乎没有好的防范措施;耕地损害风险多为政府责任,成都市为此创新性地设立了耕地保护基金进行防范。

三 农村土地流转组织模式及比较分析

农村土地流转的组织方式是保障土地顺利流转的重要前提,也是各地农村土地流转中最具创新性的领域,各地实践中多以村集体或基层政府作为推动主体。从理论上分类，可以将农村土地组织模式划分为"企业+农民""企业+村集体（政府）+农民"和"企业+中介组织+农民"三大类，其中第三种类型中中介组织类型更加多样化。

（一）"企业+农民"自主流转模式

在该模式下，农民自愿将耕地以入股、出租等形式直接流转给企业。因为不经过任何中介组织，企业在其中多担当推动主体角色，农民也有很充分的话语权，但企业往往需要与众多农民分别谈判，大大增加了土地流转中的交易成本，也容易因为谈判结果的个体差异性导致纠纷问题。

1. 适用条件

"企业+农民"的自主流转模式在各地普遍存在，尤其是在人均耕地面积大、农民进城务工比例高、流转意愿强的地区最适宜推广。现有涉农企业土地经营规模大都在100亩以上，1000亩以上也非常普遍，因此在人均耕地面积大的地区或人均耕地面积较小但农民自组织程度较高的地区，企业可以较为方便快捷地从农民手中直接流转大面积的耕地。

2. 入股模式探索

在"企业+农民"的自主流转模式下，各地探索中较为成熟的方式是农民以土地入股，与企业合作开发，组建农业股份制公司，农民作为股东，不仅能享受股份分红，还能受聘到企业务工。其中，2007年，重庆市出台了《关于以农村土地承包经营权入股设立公司工商登记的有关问题的通知》，在全国最早开始探索农村土地入股企业模式，这主要得益于2007年重庆市被国务院确定为全国统筹城乡综合改革配套试验区。基本运作机制是农户以土地入股，企业借助土地股份分红、资金支持、技术指导和保护价收购等，与农户建立起了密切的农企利益联结机制（见专栏5-1）。四川省成都市将该模式的运营机制进一步规范化,形成了成都农村土地入股模式,即按照现代企业制度,成立股东代表大会,选举产生董事会、监事会,由董事会全权负责公司生产运营,内聘产生或外聘项目经理人,按照统一的生产技术规程和产品质量标准组织生产,实行农资统供、农机统配、病虫统防、品牌统建、产品统领等"五个统一",产品由入股企业直接收购或与农产品加工和营销企业建立购销关系,实行订单销售,公司财务定期公开,接受监事会监督。

专栏 5-1

重庆市农地入股案例

重庆桂楼实业(集团)股份有限公司于 2006 年创新实行"户企结合股份合作制"的农业产业化发展新模式,即"东江模式"。公司在涪陵区江东街道云盘村组建了第一个新模式的股份制养殖公司——涪陵区东江生猪养殖公司。公司以现金入股,农民以第二轮土地剩余承包期的经营权入股或以现金入股,以土地入股折价方式十分简单,即按照每亩耕地年产 800 斤稻谷,计算出 24 年的预期总收益作为投资参股养殖场。最终公司注册资本 100 万元,其中桂楼公司以现金出资 70 万元,占股 70%;江东街道云盘村 26 户农民以 23.235 亩土地承包经营权按当地土地流转租赁市场价折价入股占 28.5% 股份,22 户农户以现金入股 1.5 万元占 1.5% 的股份(李建桥,2008)。2007 年 7 月,运行仅一年的东江养殖公司结算分红,以土地经营权入股的农民,每亩土地年收益达 2735 元,比当地的土地租赁价高 3.55 倍;以现金入股的农户,年回报收益率 22.3%。

重庆其他地区也在农地入股土地流转方式上进行了积极探索,如垫江县恒利食品有限公司主要从事农产品收购、加工、销售业务,是专业生产出口藠头、野山椒的食品企业,年加工生产能力 3000 吨。该公司在永平镇与当地农民的利益联结机制上大胆探索，引导1200余户农户以土地入股，为入股农户提供贷款担保，并全额贴息，解决种植户资金难题，错开了农户投入和产出之间的时间之差，缓解了资金的瓶颈制约，并免费为农户提供技术指导，弥补了农户种植的技术缺陷。在生产前期与农户签订订单，承诺按最低价2.4元/公斤实行保护收购，降低了农户种植风险。同时，武隆县白马镇食品加工区企业按照"农民以土地流转入股，企业返聘农民种地"模式，先后发展起茶叶、榨菜、高山糯玉米等5个产业基地，流转农民土地近8000亩。2014年计划再发展2000亩辣椒、2000亩蜜柚等4个产业基地，流转农民土地5000亩以上。以土地流转入股与企业合作的农户，企业将向农民免费提供种子、肥料、技术等，并按保护价收购农产品。

（二）"企业+村集体（政府）+农民"流转模式

在该模式下，村集体或乡镇基层政府作为中介组织者，组织自愿流转的农民将耕地以多种形式流转给企业。在"企业+村集体（政府）+农民"流转模式下，村集体或基层政府担当了推动主体角色，往往事先与农户进行逐一沟通，不仅有助于统一管理，增强土地出让方的谈判话语权，也大大降低了企业与农民直接谈判产生的不便性。不足之处在于，农民往往不直接与企业谈判，话语权表达不充分，村集体或基层政府可能会因此侵害农民权益，以集体或公共意志扭曲部分农民流转意愿。

1. 适用条件

由于村集体或基层政府充当了中介服务者角色，所以该模式的适用条件相对宽松，只要农村土地流转意愿较高的地区均可施行，尤其是土地流转成本较低或者涉农企业邻近产品销售目的地的农村地区，企业也有足够动力和便利性介入土地流转。

2. 村集体经纪人模式探索

因为当地村集体把土地流转工作作为重点工作来抓，因此在浙江省东阳市农村土地流转中，村级集体组织很好地充当了经纪人角色，一方面宣传鼓励农民转出土地，与农户签订流转协议，统一组织对外土地流转；另一方面大力引进企业，支持企业转入土地发展高效农业，保障农民土地流转收益，大大推动了辖区内农村土地流转（见专栏5-2）。为解决村集体担当经纪人可能产生的资金短缺问题，北京市门头沟区创新性地设立了土地集中流转专项资金，为农村土地集中流转提供无息贷款（见专栏5-3），也为企业能一次性大规模转入土地创造了条件。

专栏5-2

浙江省东阳市村集体土地流转"经纪人"案例

近年来，东阳市湖溪镇土地流转呈现了持续快速发展的势头，截至2013年底，湖溪镇已流转耕地面积1.4万亩，占总耕地面积2.35万亩的59.5%。究其原因，村级集体组织在土地流转过程中的管理、组织和协调作用不可忽视。2013年该镇新增规模流转面积1325亩，涉及五个村929个农户，全部通过村统一委托流转，流转的土地主要用于粮食、花卉、中药材种植。其主要做法是：一是该镇许多村在坚持依法、自愿、有偿的原则下，村两委干部通过组织召开座谈会、上门走访、个别访谈、现身说法等形式，广泛开展土地流转的政策宣传教育，动员常年外出务工、经商等具备流转条件的农户，将土地承包经营权委托村经济合作社进行统一流转，在平等协商的基础上，由村经济合作社与村民签订流转协议，再由村经济合作社通过公开招标转包给农业大户或者企业经营，实现了集约化土地流转。二是积极引进农业种植大户和企业，大力发展高效农业，提升了土地的产出率。如南江中药材种植有限公司在南江村流转土地510亩，建立了麦冬种植基地，农户不仅得到了土地租金，还能在基地打工获得收入。据该公司负责人介绍，在忙季，每个月仅工资付出就要20余万元，每年南江村农户可以在基地获得劳务收入近百万元。

专栏5-3

北京市门头沟区土地集中流转专项资金案例

2014年4月，门头沟区从财政资金中拿出3000万元，设立了土地集中流转专项资金，主要为集中支付土地流转费暂时困难的村集体提供无息贷款。根据专项资金管理办法，施行专款专用，镇、区都要对项目可行性进行研究、评估，村集体还要召开村民代表大会，表决通过土地流转资金发放方案，专项资金优先支持流转意向明确的项目，村集体完成土地流转后，要设置明确的还款计划，优先偿还专项资金，使专项资金实现良性循环（李天际和张昕，2014）。

（三）"企业+土地股份合作社+农民"流转模式

该模式又称南海模式，最早在民营经济活跃的广东南海市于1992年开始试行，由农民自发组织成立或村集体发起设立农村土地股份合作社，农民以土地自愿入股，由土地股份合作社统一经营或流转给企业经营，农民除劳动收益外，还享受年底分红。在此土地流转模式中，土地股份合作社担当了推动主体角色，在保障农民土地流转权益的同时，也有利于土地统一整理和招商引资。

1. 适用条件

土地股份合作社一般出现在沿海或城郊经济发达的农村地区，农户对股份制较为熟悉或认可，而且大部分土地股份合作社均需要设立理事会和监事会，负责合作社的运营管理和监督，对人员素质要求也较高。

专栏 5-4

土地股份合作社自主经营和委托经营案例

湖南长沙市 38 个土地股份合作社通过与隆平米业等 16 家龙头企业成功对接，解决了合作社自主经营中面临的市场和技术难题。农民以村为单位将农户承包土地经营权入股，组建土地股份合作社。合作社根据龙头企业农产品生产基地建设要求，采取统一经营、出租土地经营或参股企业经营等方式，由合作社直接签约建立农产品生产基地。其中，隆平米业高科技公司这次与望城的乌山、格塘及浏阳龙伏、长沙果园等地 4 个合作社建立了 2.29 万亩无公害优质稻生产基地，农户上交粮食实行保价收购后，按入股田亩进行分红。马王堆农产品股份有限公司与长沙县北山镇明月村土地股份合作社采取订单农业的合作方式，建立农产品生产基地。入社农民 318 户，入股土地面积达 1125 亩，已与马王堆农产品股份有限公司签订了 1000 亩蔬菜订单，预计合作社销售收入将达 1200 万元，返还农民红利达 750 万元（陶小爱，2008）。

2009 年永乐店镇敖硝营村成立北京林泽家园土地（股份）专业合作社，这也是通州第一家土地（股份）专业合作社。运作模式是农民以土地承包经营权入股，成立专业合作社，将集中起来的土地统一开发，租赁给从事农业生产经营的专业公司和种植大户经营，合作社本身不从事具体的生产经营，农户主要获取地租收入，同时，公司或大户根据需要聘用部分入股农民劳动力打工，得到薪金性收入（代金光和韩建培，2009）。

2. 土地股份合作社模式探索

全国各地对土地股份合作社模式的探索大同小异，以成都市的自主经营模式为例，需要按照合作社章程选举产生理事会、监事会，由理事会研究决定生产经营活动，内部产生或对外聘请专业技术人员或经营能手为职业种粮经理，按照统一的生产技术规程和产品质量标准组织生产，实行种子、肥料、农药"统购"和机耕、机防、机收"统管"，与农产品加工企业或营销企业直接对接，产品实行订单销售，监事会对生产经营和财务收支情况进行监督。除了自主经营之外，在合作经济发达的苏州地区，农村土地股份合作社还探索出内股外租型和参股型两种方式，前者是入股土地不作价，土地入社经合作整合后，统一对外公开招租，所得租金收益按农户入股土地份额进行分配；后者是以土地折价入股，吸纳企业资金、技术参股经营，以项目或园区建设为纽带，其成员参与生产、加工与流通，形成利益共享、风险共担的经营机制。

苏州市在土地股份合作社土地流转方式上取得了巨大成功，据统计，从2009年6月到2010年底，苏州土地股份合作社从395家增加到671家，入股土地从26.4万亩增加到98万亩，占流转土地面积的比例从不足20%增加到超过50%（郭文剑等，2012），土地股份合作社模式已成为苏州市农村土地流转的最主要形式。

（四）"企业+土地银行+农民"流转模式

在该模式下，土地银行本质上是土地储备机构，只是引入了金融机构的存贷机制，是政府将农民自愿流转的土地归并到土地储备中心，由该中心对外统一流转给土地需求企业。与土地股份合作社不同的是，政府在此模式中担当了推动主体角色。与土地股份合作社相似的是，该模式有利于将分散的土地承包经营权进行打包改造，也便利于企业介入农村土地流转。

1. 使用条件

"土地银行"一般在政府的推动和扶持下设立，作为农村土地的储备中心，对耕地分布相对零散的农村地区具有重要的借鉴意义，但该模式有效运作的前期往往需要地方政府支持，也对土地银行的管理者提出了较高要求，因此其适用性受到一定限制。

2."土地银行"模式探索

2007年，国家发改委批准成都市为国家统筹城乡综合配套改革试验区，为成都市创新农村土地流转模式奠定了基础。基于此，"土地银行"模式于2008年底率先在成都彭州市试行，其基本运作机制是：农民自愿将土地承包经营权存入"土地银行"，由中介机构根据农田地理位置、土地肥沃程度、升值潜力等，对农户的土地确定一个比较合理的储存价格，农民据此收取"利息"，"土地银行"再将农户存入的土地进行适当打包、整合或适度改造，在维持基本农业用途不变的情况下，贷给其他土地需求者（如农业企业、种植、养殖大户等），土地需求者向银行支付土地的储存价值、整理开发价值以及两者之和的同期贷款利息，"土地银行"再把储存价值兑现给农户（蒋勃芊和刘志文，2010；阮小莉和彭嫦燕，2014）。企业除了直接参与流转土地开发经营之外，还可以与其他土地需求者签订合作协议，提供种子、化肥等农资和技术指导，并签订农产品收购合同，最终形成"土地银行"、农民和龙头企业三者之间的利益互动。

彭州市土地银行自2008年底成立以来初见成效，相继引进了彭州嘉禾农业开发有限公司、成都神农农业开发有限公司以及置农魔芋有限责任公司。其中，嘉禾公司借贷870亩种植雷竹，神农公司借贷800亩土地种植金银花，置农公司借贷200亩土地种植魔芋。截至2013年9月初，全市成立土地银行达40家，规模流转土地38.97万亩（邹渠，2013）。

(五)"企业+产权交易平台+农民"流转模式

在该模式下,自愿进行土地承包经营权流转的农民通过农村产权交易平台,将土地流转给其他农户或企业。由于产权交易平台的开放性,并为农户和土地流转需求方提供了交易场所和交易规则,所以该模式有利于交易双方信息交流,保障了议价的公平公开,但是目前该模式的建立离不开政府的推动作用,目前仍处于不断探索阶段,交易匹配难度仍较大,不少地区出现交易时间长,交易成功率较低等问题。

1. 适用条件

该模式适用于农村土地承包经营权确权已完成,且农村各类产权交易较为活跃的地区。由于"企业+产权交易平台+农民"流转模式不仅仅是建立一个产权交易所,还需要配套相关的农地价值评估、交易主体征信管理、金融产品开发等措施,因此该模式更适合在市场经济发达的农村地区推广。

2. 产权交易平台模式探索

目前,该模式已先后在成都、杭州、武汉、北京、河北等多地实际运行,借助于作为国家统筹城乡综合配套改革试验区的机遇,成都市最早成立了农村产权交易所。按照《成都市农村土地承包经营权流转市场交易规则(试行)》的规定,除同一集体经济组织内部农户之间所进行的土地流转外,其他由农村集体经济组织之外的农业生产经营组织、企业和个人作为受让方进行土地流转的,均应在交易机构进行。农村土地承包经营权交易需要经过规范的交易流程,即"委托申请—形式审查—产权查档,确认权属—确定出让方式—信息发布—征集意向受让方—组织交易—成交签约—费用收取—结算交割—出具交易签证书"完成土地承包经营权交易。在交易方式上,采取招标、拍卖、挂牌、电子竞价、协议转让等多种类型。成交完成后,流转双方还应提供申请书、身份（或资质）证明、流转合同、土地承包经营权证、交易鉴证书以及发包方书面证明等材料到农村土地承包流转管理机构进行备案，办理备案证明。如需要办理农村土地承包经营权变更登记，也应向原登记机关申请办理。眉山市彭山区针对区域面积小、土地碎块化、人均耕地面积少的区域特征，农民怕业主"跑路"、业主怕农民难缠、政府怕流转有风险的难题，探索出了土地流转四步机制，使得"农民流转有收益，业主投资得效益，政府服务做公益"三方受益（见专栏5-5）。2014年11月，中共中央办公厅、国务院办公厅印发《关于引导农村土地经营权有序流转　发展农业适度规模经营的意见》将地方实践上升为国家政策，提出研究制定流转市场运行规范，加快发展多种形式的土地经营权流转市场，完善县乡村三级服务和管理网络。

专栏5-5

眉山市彭山区农村土地流转四步机制案例

截至2017年，彭山区实现集中流转土地面积15万亩、流转率高达62%，流转地块1200余宗，平均每宗地110亩。其中100亩以内的占40%，100—500亩的占50%，500亩以上的占10%，既分布合理，规模适中，又能充分发挥每宗地的价值和功能。这一切都要归功于农村土地流转四步机制。该机制分为三级土地预推、平台公开交易、资质审查前置及风险应急处理四步。由区政府投资5000万元成立国有正兴农业发展投资有限公司，并在彭山区12个乡镇建立子公司，88个村建立服务站，实现全区农村土地流转"三级平台"全覆盖，这个平台主要涵盖信息收集、资源整合、信息发布及签订协议。彭山区土地流转服务机构通过"资质审核—收取风险金—风险处置"机制，确保土地流转零风险。资质审核遵循宁缺毋滥的原则，按投资规模由乡镇、区农业局、区政府分级对业主的资金实力、从业经历、项目前景等进行分类审核。对资质审核通过的业主收取 300 元 / 亩的风险保障金，作为土地流转风险处置的专项基金。对业主退租的土地采取"垫付租金—自主经营—再次招商"的模式，确保农民流转收益不受影响。

资料来源：根据笔者调研整理而得。

（六）"企业 + 土地流转信托 + 农民"流转模式

该模式由中信信托首先启动运行，由信托中介服务机构接受农民委托，农村土地承包人基于对受托人的信任，将其承包的土地使用权在一定期限内信托给受托人，由其利用专业规划经营管理或使用，土地收益归受益人所有的一种土地流转创新方式。其优势在于依托信托机构，可以更为便利地为土地开发筹集资金，但是作为新生事物，土地流转信托模式风险较高，可复制性依然需要时间检验。需要注意的是，该模式与早先的"益阳模式"有着本质区别，后者仅是政府出资设立了一个土地托管机构，并与农民签订土地信托合同，再由该机构将土地承包经营权连片流转给企业，有些类似于"土地银行"流转模式。

1. 适用条件

该模式只适用于信托中介服务机构介入的土地流转项目，但是由于该模式引进了金融机构，更便于社会资金进入，所以随着运作机制的不断完善，具有较好的发展前景。

2. 土地信托流转模式探索

目前国内已经启动的土地流转信托较少，首先采取该模式的是中信土地流转信托，这与中信信托雄厚的实力和对"三农"问题的关注，以及宿州市埇桥区政府的大力支持密切相关。其运作流程主要是农民先将土地经营权委托给信托公司，信托公司再将土地集中于现代农业示范园，通过引进农业技术企业和农业产业企业进行规模化经营，信托公司通过发行资金信托为示范园注入资金，信托资金分为两部分，一部分用于流转土地区域内土地整理和农业设施建设和现代农业技术的推广应用，另一部分是解决财产权的地租支付，以及土地整理方面可能出现的资金流动性问题等。并通过示范园的农业项目经营赚取增值收益（因中信信托加强对土地整理、水利、道路等投入，提升土地功能和产出率而增加的土地租金等）和收取农地租金，用于偿还资金信托投资人本息和支付给农民基本地租和浮动收益。在该模式下，地方政府一般提供财政补贴和负责对分散的农户土地经营权进行归集，企业担当了信托公司的服务运营商和项目投资方。自2013年国内首单土地流转信托计划启动后，半年内中信信托在安徽、山东、河南、湖北等地推出土地流转项目涉及的土地面积已达21.2万亩，但盈利模式仍不清晰（秦炜，2014）。

专栏5-6

中信土地流转信托案例

2013年10月15日，中信信托与安徽省宿州市埇桥区政府合作，在国内正式启动首单土地流转信托计划——"中信·农村土地承包经营权集合信托计划1301期"，期限12年，涉及流转面积5400亩，远期流转土地面积25000亩。不同于传统信托产品，这款产品分成两类，其中一类是发行土地承包财产权信托计划，另一类是在建设过程中需要资金，则会发行资金信托计划，来解决建设资金问题。

在产业项目合作企业的选择上，中信信托重点考虑了企业经济综合实力，包括公司的长处和本地适应能力，最终选择了安徽帝元现代农业投资有限公司。按照规划，流转后的土地拟建设现代农业循环经济产业示范园。园区规划为五大板块，涉及二十多个子项目，具体包括：现代农业种植及水资源保护工程、现代化养殖、生物质能源和基质肥项目、设施农业和农业物联网、农业科研平台。五大板块将形成完整的农业循环产业链（程士华，2013）。中信信托评估后，认为示范园项目正式运转后年平均利润约1.63亿元，预计所得税约为4081.72万元。而且，中信土地流转信托也为外资进入开辟了通道，2013年12月17日，德国拜耳集团下属拜耳作物科学（中国）有限公司与中信信托有限责任公司就土地流转下现代农业科技创新与发展正式签署合作备忘录，双方将以土地流转项目为平台，在农业生产、经营管理、科学技术、产业链构建等方面整合资源，通过引入国际领先的生产要素和现代化农业理念，开展全面战略合作，这使得中信信托的土地流转项目成为我国首例引进外资的土地流转项目。

（七）各类土地流转组织方式比较分析

目前，各地出现的多种形式的土地流转组织方式均有其优缺点，但是都顺应了农民希望进行土地流转的现实需要，根据当地情况进行了有益探索。基于表5-2的七大评价标准来看，可以发现，"企业+村集体（政府）+农民"和"企业+土地股份合作社+农民"模式能更为高效地将分散的土地经营权进行归并集中用于流转，前者主要依靠村集体以及地方政府的威信和号召力，因此政府参与程度高，在全国各地的普及率也高，企业因为由村集体或政府协助，也更愿意参与该模型下的土地流转；后者主要依赖农民自组织，并以经济纽带激发农民参与热情，因此产生纠纷的风险低。

"企业+农民"模式依靠农户与企业自愿协商，农民参与了土地流转的全过程，具有足够的知情权，所以与其他土地流转组织形式相比，政府参与程度最低，土地流转信息的透明度最高，但是由于企业需要逐一与农户谈判，导致土地流转效率较低，企业参与积极性不高，容易产生流转纠纷。"企业+土地银行+农民"模式通过土地银行可以高效地推动农村土地流转，能够满足企业一次性流转较大面积土地的需要，农民也能从土地银行获得稳定的利息收入，而且土地流转信息透明度较高，产生纠纷的风险较小。"企业+产权交易平台+农民"模式可以通过交易平台发布土地流转供需信息，便于撮合交易，所以土地流转信息透明度高，比"企业+农民"模式土地流转效率要高，但是该模式对交易平台建设要求较高，至少在建设初期需要政府深度参与，限制了普及程度，企业也要经常面对地块分散问题，参与积极性受到一定影响。"企业+土地流转信托+农民"模式最大的亮点是能够充分发挥金融资本作用，所以在土地流转后的农业项目建设资金来源上，比其他方式更为多样，由于该模式一般也需要村集体或政府前期介入归并土地，所以它的流转效率高，但受制于信托公司角色的不可替代性，普及程度在所有土地流转组织方式中是最低的。

表 5-2　　　　　　　　各类土地流转组织方式比较

模式	土地流转效率	流转方式的普及性	企业参与积极性	土地流转信息透明度	项目主要资金来源	产生纠纷的可能性	政府参与程度
企业+农民	较低	较高	一般	高	企业	较高	低
企业+村集体（政府）+农民	高	高	高	一般	企业	较低	高
企业+土地股份合作社+农民	高	一般	高	较高	企业	低	较低
企业+土地银行+农民	高	一般	高	较高	企业	低	较高
企业+产权交易平台+农民	较高	一般	一般	高	企业	一般	较高
企业+土地流转信托+农民	高	低	一般	一般	企业和信托公司	较高	较高

四 农村土地流转补偿方式及比较分析

农民最关注农村土地流转补偿方式，土地流转"补偿多少，如何补偿"也成为影响农民流转意愿、流转期限和流转纠纷的主要原因。理论上农村土地流转补偿虽然可以划分为固定收益补偿、浮动收益补偿和混合补偿，但是在实践层面，多数地区农民收入水平较低，合作经济不发达，农村土地流转补偿模式主要以单一货币或实物补偿为主，且以浮动收益为主；在农民收入水平高和合作经济发达地区，多采取股份分红模式，采取兼顾固定收益和浮动收益的混合补偿方式。

（一）单一货币或实物补偿方式

该土地流转补偿方式下，农民与土地转入方商定一定期限内单位土地面积的定额货币租金或者定额粮食租金，其中定额货币租金一般会根据物价、农业生产和经济发展情况定期进行调整，或者按照一定比例间隔上调；粮食租金支付方式一般为每亩地多少公斤粮食，具体租金支付数额以每亩粮食数量乘以当年粮食价格折算，所以严格意义上说，现实操作中的实物租金仍属于货币租金，但由于具体租金数额根据粮食价格随行就市，所以属于典型的浮动租金补偿方式。因为单一货币或实物补偿方式的实施条件最为宽松，农民也能很方便快捷地计算出每亩土地的流转收益，企业也能很容易计算出每亩土地的流转成本，所以受到流转双方的普遍认可，是目前普及程度最高的土地流转补偿方式，适用于绝大多数农村土地流转情况。

在各地探索中，比较常见的单一货币或实物补偿方式主要有两种类型：一次性付清（即根据土地流转面积和流转期限，一次性将所租土地的租金支付给农民）和逐年给付（即土地转入方与农户逐年商议土地租金，并于上一年年末或当年年初支付新议定的租金）。其中，溧阳地区在农村土地长期流转中普遍采用一次性付清模式（见专栏 5-7），张家港地区则要求土地流转价格与物价上涨挂钩，每年有一定幅度的提高，或者采用粮食实物地租折算租金方法，土地流转收益随粮价上涨同步提高。从各地实践来看，逐年给付模式更为常见，能够得到更多农民和地方政府的支持。

专栏 5-7

溧阳市土地流转一次性付清方式案例

江苏溧阳在农村土地流转探索出租赁期长，且一次性付清模式。如该市最早大规模租赁土地搞山区开发的天目湖玉枝特种茶果园艺场董事长濮爱玉，2001 年租赁 600 亩土地，年租金 20 元/亩，租期 50 年，租金一次性付清。全市投资山区开发规模最大的民营企业家沈祖富，2005 年创办天目湖生态农业有限公司，投资 10 亿元，租赁荒山 4 万亩，栽植珍稀白茶和特种水果，也是一次性付清 30 年租金，农户户均得到租金超过 10 万元，最多达 47 万元（邹建丰，2009）。

根据对当地的调查可以发现，企业家、农民、村干部都青睐这种租赁期超长、一次性付清的模式。对企业家来说，虽说资金压力、利息损失很大，但是可以避免今后可能出现的纠纷，也更容易从农民手中转入土地。对农民来说，既然不愿种地，租出去当然是长期好，而且一下子得到那么多钱，可以用来投资。对村干部来说，土地流转成功，无论是上级考核土地流转、招商引资还是高效农业，都算一项政绩。但是业内专家普遍对一次性付清土地流转补偿模式表示担忧，因为随着土地经营效益的大幅提升，已长期流转的农民可能会心态失衡，容易引发社会矛盾，而且农民一次性得到一大笔钱，如果投资不当或短期内挥霍，将会影响未来生计，进一步加剧社会矛盾。

（二）股份补偿方式

该土地流转补偿方式下，农民以土地作价入股获取股份分红或股金。该模式适用于农民以土地入股企业，或者农民成立土地股份合作社联合企业生产经营的土地流转组织方式，因此土地股份化是其实施的前提。

在目前各地的实践中，以土地股份合作社为代表的股份分红补偿方式最为常见。以苏州土地股份合作社分红模式为例，农民以土地承包权入股，收益分配实行保底分红和浮动分红相结合的分配方法，保底分红大致是每亩每年300—1000元，浮动分红随总体经营效益而定，一般每亩至少也有50元。重庆"东江模式"则是农民以土地入股企业获得股份补偿的典型代表（见专栏5-8），农民能从土地流转中获得"保底收益+股份分红+务工收益"，由于农民增收成效明显，东江模式在重庆涪陵地区迅速推广，一年时间，参股农户数量由最初的23户增加到221户，入股土地超过150亩，到2009年，公司依托现有的11个规模化养猪场，流转土地6000亩，带动农民6500多人，建成11个生态农业园区。

专栏5-8

重庆"东江模式"农地流转股份补偿案例

在重庆"东江模式"下，对农民的土地流转补偿模式是桂楼公司在保证农民土地入股每亩不低于800斤稻谷、现金入股年回报率不低于10%的前提下，根据养殖公司经营业绩参与利润的再次分配。2007年7月，桂楼公司沿用"东江模式"，出资320万元，引导173户农民以131.79亩土地入股，新组建了4个生猪养殖公司。运行一年后，5个公司取得良好效益：截至今年7月底，累计出栏商品猪近3万头，实现利润 289.14 万元。按公司章程规定，40% 用于分配，以 155.15 亩土地经营权和现金入股的 221 户农民共分红 34.175 万元，农民每亩土地入股收入达 1984—2746 元，比当地土地流转市场价高 2.306—3.576 倍。

（三）各类补偿方式比较分析

基于对上述两大类土地流转补偿方式的分析可以发现，单一货币或实物补偿方式因为适用条件宽松，操作简便，在普及程度上胜于股份补偿方式，但是农民收益与土地流转后农地经营关系不大，随着土地租金价格的日益增加，农民心态失衡加剧使得产生农企利益纠纷的可能性较大。与此同时，股份补偿方式受制于土地股份化，一般需要地方政府配套相关指导意见或实施办法，推广上受到一定制约，但是能较为有效地在农企之间建立利益联结机制，大幅减少农企之间产生矛盾的风险。

五 农村土地流转后经营方式及比较分析

农村土地完成流转后，土地转入方选择的经营方式是其获利的根本途径。从理论上，土地经营方式包括自主经营、委托经营、转包经营和入股经营，但从目前各地探索来看，转包经营和入股经营相当于企业再次进行土地流转，在初始流转成本较高且土地流转市场尚不成熟的大背景下，再次进行土地流转收益回报率难以保障，因此转包经营或入股经营很难找到典型案例。

（一）企业自主经营模式

企业自主经营模式，即企业根据自身的农业生产经验和技术，在流转后的土地上自主进行生产和经营活动。由于土地流转需要支付较高的租金，土地流转后的农业项目一般会选择对技术和资金投入要求较高的高效农业、设施农业或休闲观光农业，因此企业自主经营模式要求企业具备专业的农业生产技术或农业项目运作经验。同时，企业自主经营模式也对企业的资金实力和市场运作能力提出了较高要求。

在各地实践中，考虑到农业项目一般投资周期较长，经营风险较大，所以企业自主经营的土地流转项目通常会采取梯次投资策略，首先选择见效较快、价值高的经济作物及其深加工产品，各地实践中较为普遍的经济作物包括花卉绿植和蔬菜瓜果等；其次选择能够获得国家政策扶持的大田粮食作物，借助农田基础设施改造和土壤改良生产绿色、有机等高端优质粮食，以突出单位面积经济价值；最后，选择盈利前景广阔但投资大、风险大的休闲观光农业项目，诸如休闲农业观光园、设施农业等（见专栏5-9）。

专栏5-9

辉隆股份2万亩农地经营项目案例

主营农资流通的辉隆股份被视为"土地流转概念龙头股"，公司2010年10月流转安徽滁州全椒县八波村全村1.4万亩农业用地，建设现代农业示范区；2011年则进一步在安徽省临泉县流转土地8000亩，目前两地合计流转土地2.2万亩。

全椒生态农业示范区由辉隆生态农业和辉隆生态园林两公司共同负责，包括6000亩粮食生产区域和近8000亩花卉园林生产区域，其中园林区域中包括4000亩栀子产业园，主要用于提炼天然食品色素添加剂和制药，公司计划建立栀子色素研究实验室，在五年内形成"公司＋基地＋科研＋色素提炼工厂＋销售"的连锁产业。2011年时示范区以种优质粮食为主，经一段时间摸索后，公司在水田和旱田种植水稻、小麦，在岗地等丘陵地形上进行园林培育，因地制宜重点发展经济作物，主要原因是花卉苗木等经济作物的市场前景广阔、耗费劳动力少，抗自然风险能力较强，加之上市公司本身能在资金、技术上给予支持。目前，园林板块是全椒基地的主要利润贡献点，各类苗木2014年起将陆续进入销售期，预计示范园可实现扭亏为盈。2015年起园林业务销售额逐步超过1000万元，利润稳定增长（童璐，2014）。按照计划，全椒项目将继续扩大园林规模，同时新增面积约1000亩的休闲观光农业功能区，使园区成为服务都市和农村居民的免费花园。

（二）委托经营模式

委托经营模式，即企业将获得的流转土地委托专业的农业企业或技术人员，按照预先约定的合同，对流转土地进行经营管理。该模式非常适用于缺乏农业生产技术和经营经验的企业，能够充分发挥受托人的农业项目经营长处和委托企业的资本资源优势。

在具体的实践中，委托经营模式最具代表性的就是四川崇州市的"职业种粮经理人"模式。崇州市的土地股份合作社聘请农业技术人员、种植能手等能人为职业经理人，进行全程代耕代管，与职业经理人签订产量指标、生产费用和奖赔合同。职业种粮经理人的劳动报酬与生产经营水平挂钩，即职业经理人和合作社签订包产协议，超过这个产量的超额部分，按照一定比例分配，这样既能保证合作社自身的利益，又可以保障职业经理人有稳定的收入。为了方便农业职业经理人，成都市农业部门不仅免费提供技术支持，在农资、农机、劳务方面也建立了公司化运作的农业超市，农业职业经理人还可获得最高30万元的贷款，给职业经理人提供后勤保障。此外，崇州市建立了专门的农业职业经理人培训学校，对职业经理人进行技能培训，而且职业经理人只要获得资格证书，就有资格购买城镇职工养老保险，政府补贴60%。

崇州市在土地股份合作社中创造性地引入职业种粮经理制度，大幅提高了水稻单产，解决了"谁来种粮"的难题。在水稻品种没有改变的前提下，职业种粮经理人模式下的水稻单产较一般方式更高。2011年，土地股份合作社的水稻亩产平均达578公斤，明显高于全国444公斤、全省519公斤、成都市539公斤的平均水平。

（三）各类土地流转后经营模式比较分析

基于对土地流转后两类经营模式的分析可以发现，自主经营和委托经营并无明显的优劣之分，只是在自主经营模式中，企业需要依靠自身技术和资金进行农业项目经营，在同等条件下，收益率比委托经营要高，但也要独自承担经营风险。而在委托经营模式中，企业将流转后的土地部分收益出让给委托人，收益率相对会下降，但借助委托协议可以分散一部分项目运作风险，也能借此弥补自身农业项目运作经验不足的缺陷。因此，企业可以根据自身农业技术储备和管理经验选择最为有利的经营模式。

六 农村土地经营权抵押贷款模式及经验借鉴

农村土地流转通常涉及面积较大，企业需要一次性支付较高数额的租金，而且土地流转完成后，对农田基础设施和农业技术的资金投入更大，因此，借助流转获得的土地承包经营权进行融资，是解决土地规模化经营的重要选择。各地在农村土地经营权抵押贷款方面做了许多创新措施，形成了土地经营权抵押、土地未来收益抵押、土地农业保险单抵押等，极大地丰富了抵押贷款类型。

（一）重庆或嘉兴模式

1. 模式内容

该模式即为各地普遍实行的农村土地经营权抵押贷款，即抵押人将合法取得的土地流转经营权及地上（含地下）附着物等设施作为债务的抵押，由银行发放专项贷款。

2. 地方实践

根据我国《物权法》《担保法》和《土地承包法》的规定，除了荒地的土地使用权之外，其他农村土地的使用权不能用于抵押，所以长期以来农村土地缺乏抵押融资功能。然而，随着农村土地流动规模扩大，以及伴随而来的融资需求增加，在国家统筹城乡综合配套改革试验区的重庆以及浙江省统筹城乡发展综合配套改革试点区的嘉兴，率先进行了农村土地经营权抵押贷款尝试。随后，2014年中央一号文件明确提出，允许农村土地经营权抵押贷款，农村土地经营权抵押贷款开始在全国试行。从多地实践来看，农村土地承包经营权抵押贷款均需要完成土地确权颁证工作，并借助流转机构、担保组织或抵押贷款风险基金等防范信贷风险。

专栏 5-10

邯郸银行土地流转贷款案例

2014年，邯郸银行正式开出了河北省土地经营权抵押贷款首单，为2户共发放500万元的贷款资金，在土地流转经营方面实现了"破冰"。

实现破冰的是邯郸银行推出的"致富流转贷"，它是借款申请人以农村土地承包经营权（农村土地经营权）和经营者在地上、地下投资附着物或产生的延期收益作为抵押担保，邯郸银行按其评估价值的一定比例，向借款申请人发放的经营性贷款，主要用于解决其经营过程中所需要的周转金、购置农业设备、支付租赁经营场地租金等资金需求。邯郸银行开展"致富流转贷"的前提条件是农村土地承包经营权的确权和成立具有抵押登记职能的农村产权交易机构。为此，邯郸银行积极与全省第一家农村产权交易机构——邱县农交所开展合作，对借款申请人开展全面的贷前调查，认真核实借款申请人资质、资金用途。以流转使用的农村土地承包经营权和地上附着物和土地延期收益作为抵押担保，为符合条件的新型农业经营主体进行融资。

以最具代表性的嘉兴市农村土地经营权抵押贷款为例，按照《浙江省嘉兴市农村土地流转经营权抵押专项贷款实施办法（试行）》，基本的贷款流程为：贷款申请（申请人提供农村土地流转经营权证等有关资料）→贷前调查→贷款审查、审批→签订抵押借款合同→办理抵押登记手续→贷款发放→贷后检查（贷款管理）→贷款归还。重庆市在农村土地经营权抵押贷款办法中还要求经营户提交所有流转户的土地承包权证和同意抵押的书面证明，并完善了相关配套性扶持政策。如为降低"三权"（农村林权、宅基地使用权和耕地承包经营权）抵押贷款对金融机构带来的风险，重庆市于2011年8月注资7亿元建立了"三权"抵押贷款风险补偿基金，对融资机构"三权"抵押贷款本息损失给予一定比例补偿（财政补贴损失金额的35%），明确了出现坏账时银行与市、区县财政分担比例，还配套了农村"三权"抵押融资担保机制，与中国农业发展银行合作建立我国第一家为农村"三权"抵押融资提供担保的专业企业——重庆兴农融资担保公司，进一步降低银行贷款风险。

3. 成就与问题

重庆和嘉兴的农村土地承包经营权抵押贷款实践，激活了农村资产的融资能力，贷款数量粗具规模。截至2013年9月底，嘉兴市已核发土地流转经营权证 144 份，涉及抵押贷款的土地面积 2.76 万亩，累计贷款达到 1.7 亿元（陶克强等，2013）。2018 年底，重庆市累计发放农村"三权"抵押贷款 915.11 亿元，其中，农地抵押贷款 379.43 亿元（王松涛，2019）。但是，在农村土地承包经营权抵押贷款实践中也发现了许多问题，突出表现为银行参与积极性不高，抵押贷款成功率低。主要原因在于农村土地流转市场不成熟和农地价值评估体系缺失致使土地经营权作为抵押品难以变现，农地经营权流转和管理不规范降低经营者的信用等级，农业生产经营风险补偿和保障机制不健全导致贷款户还款能力受限，抵押登记手续繁杂和融资成本较高影响经营者的贷款积极性。2019 年底在浙江、陕西、新疆等多地的调研也发现，许多农村"两权"抵押贷款试点地区已很长时间没有开展新业务。

（二）吉林模式

1. 模式内容

吉林模式，又称土地收益保证贷款，是指农户以土地的未来预期收益为保证，从金融机构获取贷款。

2. 地方实践

2012 年 8 月在吉林省产粮大县梨树开始试点，该模式之所以能在不是试点地区的吉林省试行，主要原因是采取土地的预期收益作为保证进行贷款融资，巧妙地规避了当时农村土地不允许抵押的法律规定。具体做法是：第一，申请贷款的农户或其他农地经营主体与物权公司签订土地流转合同，并同意将其土地承包经营权转让给政府设立的物权融资公司；第二，物权公司充当贷款担保人，向金融机构出具对农户贷款负连带责任的承诺函；第三，金融机构审查审批，通过审批后，发放贷款；第四，农户或其他农地经营主体按时足额还款，结清贷款后，物权公司与农民或其他农地经营主体的土地流转合同自动解除（吴福明，2013）。按照规定，申请贷款的农户或其他农地经营主体必须完成确权并取得土地承包经营权证，才能办理土地收益保证贷款。这一模式实际上已经蕴含了土地金融的基本思想，贷款担保的标的是已确权的农村承包地，物权公司充当了双重角色——贷款担保人与准土地银行。物权公司完全是公益性机构，农民的权益能得到很好保障。与吉林模式类似，四川省也进行了农村土地流转收益保证贷款探索，起中介作用的机构是担保公司，即在不改变土地农业用途、不附带各种政策补贴的前提下，农户或农村土地承包经营权流转的受让方，可以将土地承包经营权作为融资性担保公司的反担保措施，由担保公司向金融机构提供保证担保，由金融机构发放贷款（李红艳等，2014）。河北省张北县也在借鉴吉林模式的基础上，积极探索土地流转收益保证贷款，除了成立物权公司——张北县物权融资农业发展有限责任公司之外，还组建了物权融资服务中心，指导物权公司开展工作，管理和规范农村土地承包和土地流转，指导督促乡镇开展土地收益评估，进一步规范了土地收益保证贷款市场，降低了相关信贷风险。

3. 成就与问题

自吉林省土地收益保证贷款试点工作开展以来，到2014年4月底，全省60个县（市、区），已有42个县（市、区）成立物权融资农业发展公司，26个县（市、区）为农户、家庭农场和专业合作社发放贷款累计10632笔，金额4.9亿元，有效缓解了试点地区的农民融资难、融资贵问题（杨晓艳，2014）。虽然土地收益保证贷款为解决农地融资难题提供了崭新的路径，但目前实际操作中也存在一些突出问题：首先，农户还贷风险较高，还没有相应的风险防范措施。主要原因是农业生产受天气、市场等因素影响明显，未来收益现金流极不稳定。正是基于此，吉林省即将设立的土地保障收益贷款专项保障基金，用于保障物权公司的正常运营。其次，证券化标的资产不是土地本身，而只是土地的承包经营权，土地承包经营权的证券化未来存在产生纠纷与法律风险的可能性，因为其标的资产剩余期限越来越短。

（三）界首模式

1. 模式内容

界首模式，又称保险单质押贷款，指农业规模经营主体参加农业保险后，把提高了保险金额的保单质押给银行，银行按保险金额的一定比例发放贷款。

2. 地方实践

该模式与土地收益保证贷款一样，规避了现有法律对于农村土地不能用于抵押的规定，而界首市能够推行保险单质押贷款的根本原因在于其农业保险基础较好。根据2013年10月安徽界首市发布的《创新金融服务 化解经营风险 推进农村土地流转工作实施方案》，农村土地流转中保险单质押贷款做法是：第一，通过财政补贴部分保费的办法，适当提高农业保险金额，逐步增加保险品种，吸引农村土地规模经营者参加农业政策性保险；第二，参加保险的农业规模经营主体把提高了保险金额的保单质押给银行，对于大宗作物保单质押贷款，银行按保险金额的70%以内贷款给土地流转规模经营者，对于设施农业保单质押贷款，银行根据信用程度按保险金额的50%以内发放贷款；第三，市财政对规模经营者的贷款利息按50%贴息，实行先付利息后申报贴息；第四，如果受灾或绝收，由贷款规模经营主体主动在期限内还款，如因受灾确实还不起贷款，则由本人或单位提出申请，保险公司将赔偿款优先支付给银行还贷款，不足部分由规模经营主体继续还款。如有剩余，再赔付给大户、家庭农场、合作社。由保险公司将赔偿款优先支付给银行还贷款的，将适当降低该贷款规模经营主体的信用评级。

3. 成就与问题

农村土地流转保险单质押贷款的推出，受到了农村土地规模经营者的普遍欢迎。截至 2014 年 4 月，界首市已有 26 家家庭农场或合作社，通过土地保单质押贷款，得到界首农商行授信总额 750 万元，贷款达 520 万元（安耀武，2014）。但是，目前贷款规模依然较小，究其原因在于农村土地流转保险单抵押贷款正常运作的前提是先建立完备的农业保险，而目前我国农业保险实践还停留在初级层面。同时，界首市的保险单抵押贷款需要政府财政大量贴息，对政府财力提出了较高要求，推广难度较大。

七 农村土地流转各类风险防控经验借鉴

目前，各地的农村土地流转中均面临来自农户和经营主体的风险，成为制约农村土地流转顺利进行的重要因素，因此针对性地采取农村土地流转风险防范措施十分必要。按照风险来源，农村土地流转风险主要包括国家土地政策风险、农户违约风险、企业经营风险和耕地损害风险，其中国家土地政策风险属于典型的系统性风险，企业几乎无应对办法，其他三类风险防范也多与政府密切相关。

（一）农户违约风险防控

农村土地流转中的农户违约风险，主要表现为农户因为对土地流转补偿收益不满意等原因，不按照约定提前要求返还土地承包经营权。针对此风险，一方面，参照农业部《农村土地承包经营权流转管理办法》，各地相继制定了规范的土地流转合同文本，并规定了基层政府保障农村土地顺畅流转的义务，负责土地流转的登记、变更、归档、调解等管理责任，以政府权威保障流转各方权益；另一方面，转入土地的农业企业，一般会允许农民以土地入股，或者对农村土流转采取保底补偿加浮动收益的补偿方式,同时在流转土地经营项目中,雇用当地农民务工,与农民结成利益共同体,以尽可能克服农户违约风险。

专栏 5-11

订单农业中农户违约风险防范机制

思路一:提高农户违约成本

对策1:引入银行等信贷机构,建立农户违约外在约束机制。湖北奥星粮油公司(以下简称奥星公司)在实践中创造了"订单+公司担保"模式。主要做法是:农户通过农民经纪人与奥星公司签订油菜籽购销合同,并以该订单作为保证,获得奥星公司的第三方担保,从而顺利地从农村信用合作社等信贷机构获得贷款。通过这种安排形成了奥星公司为信贷合同提供担保,订单又为担保合同提供保证的风险防控链条,从而把订单履约情况纳入到"农户/农民经纪人—公司—信贷机构"三方框架中。农户或农民经纪人对订单的违约将造成对信贷合同的违约,将由信贷机构记入全国个人征信系统,建立了对农户或农民经纪人违约的外在约束机制。而奥星公司之所以有能力为众多农户或农民经纪人提供担保,是因为在与农户或农民经纪人签订订单后,借助期货市场套期保值对农产品价格波动风险进行了有效管理。

对策2:向农户收取履约保证金。湖北白银棉业股份有限公司(以下简称白银棉业)探索出"订单+农户交纳保证金+期货市场"的经营模式,白银棉业在与农户签订订单时向农户收取相当于订单金额15%的保证金,企业可以将这部分资金用于期货市场保证金,减轻企业面临的资金压力。农户愿意签订订单并缴纳履约保证金的前提在于涉农企业能提供价格有吸引力的订单。该模式中,农户与企业签订订单时即面临保证金支出,由于农户在农产品收获前普遍资金紧缺,实践中产生了一些新的做法。部分涉农企业将这部分资金委托给农村信用合作社等金融机构转贷给农户用于农业生产,从而使农户既能参与订单农业,又能避免保证金支出。

思路二:消除农户违约动力

对策3:延期点价订单。九三粮油工业集团(以下简称九三粮油)等农业产业化龙头企业创新订单形式,仅确定农户交货入厂时大豆的数量和质量,农户可在交货后一定期限内自由选择某一时点的价格进行结算,消除农户担心卖亏了的惜售心理;企业接货时即获得大豆所有权,可直接将大豆投入生产,节省了企业的资金成本。由于农户交货后一般不会对订单立即结算,订单最终结算价会随着市场行情变化随时变动,为管理结算价浮动带来的风险敞口,企业根据延期点价订单签订情况买入期货进行套期保值。

对策4:保底价订单。涉农企业与农户签订一份具有期权性质的保底价订单:农户向企业支付一定的期权费,向企业购买如下权利,即当农产品市场价格低于保底价时,企业按保底价收购;当市价高于保底价时,企业按市价收购。采用这种订单,农户锁定农产品价格下跌风险的同时,仍能保留价格上涨的收益,根本上消除了农户的违约动力。

资料来源:中国证监会期货监管一部(2013)。

(二)企业经营风险防控

农村土地流转中的企业经营风险,主要表现为由于农业项目运营中的自然灾害、信贷难度大或企业经营不善导致的资金链断裂、亏损严重、资不抵债等,以致无法按期按量支付农户土地流转收益。具体风险防控实践包括:

1. 借助金融机构进行风险防控

例如,"中信—农村土地承包经营权集合信托计划1301期"的风险控制措施,除了保证土地整体承租、审查农企经营能力外,一些条款的设立保证了当面临各种不利环境时农户的利益。比如帝元承诺,确保信托计划实际获得的租金收入不足以支付农户基本收益时,帝元应按中信信托要求向信托计划补足该等资金缺口;要求承租企业购买农业保险以对抗农业市场波动的市场风险,保证农地租金。四川省成都邛崃市创新地发展出了土地流转履约保证保险(见专栏5-12)。

专栏5-12

邛崃市土地流转履约保证保险机制

四川省成都邛崃市是典型的农业大县(县级市),全市农村土地确权面积65.5万亩,20亩以上规模流转面积超过20万亩。目前以市场运作为基础、以政策扶持为支撑,通过竞争性比选引入至少2家保险公司,开发"农村土地流转履约保证保险"产品,在土地规模流转率较高的镇乡开展试点。保费按土地流转交易额的3%收取,其中农民承担20%,业主承担80%,财政将对自愿参加履约保证保险的行为采取以奖代补的方式分摊50%的保费。以一亩地年租金1000元计算,农户只需缴纳3元的保费就为土地流转上了"保险"。2014年,邛崃市率先在水口镇钟山社区试点引入民营企业以非融资性担保,为农户和业主的履约行为进行风险担保;在此基础之上,2015年,邛崃市在冉义镇先期试点,引入中华联合财产保险公司,开发"农村土地流转履约保证保险"产品,实现保险参保面积2.4万亩,进一步优化了土地流转风险防控机制,切实稳定了农村土地流转关系和保障农民切身利益。2015年12月4日,全国首单土地流转履约保证保险在邛崃市冉义镇签订,中华联合财产保险公司与被保险人、业主代表汪友良签订并发放了总面积1171.19亩的土地流转履约保证保险保单，涉及保费18元，其中业主承担14.4元、农户承担3.6元，市财政对双方的保费各兑付50%的补贴，最终业主以7.2元、农户以1.8元的保费，即为双方的土地流转行为上了"保险"。目前，邛崃市已引入中华联合财产保险、景泰保险等3家公司合作开展农村土地流转履约保证保险工作，完成土地流转履约保证保险参保面积17.4万亩，实现全市规模流转100亩以上的土地流转行为投保率达90%以上。

资料来源：王波（2017）。

2. 借助农地经营者互助机制进行风险防控

例如，界首市设立了土地流转新的风险准备基金，建立利益共享、风险共担机制。需要或打算贷款的大户、家庭农场、合作社，都要存一定数额的风险准备金，市财政再按同样数额1:1配套，作为信贷风险准备基金由业务主管部门统一管理，集中存到银行，享受正常存款利息。如若出现不良贷款，则先从风险补偿金中还款，再进行追偿。如规模经营主体长期不再贷款，则可申请退还所交风险金的本金和利息。苏州探索出从土地股份合作社的利润中提取风险基金的办法，按照昆山市的规定，农地股份专业合作社收益保底分红后的利润要提取10%的风险基金，用于防范合作社经营风险。

3. 借助政府进行风险防控

例如，四川省苍溪县制定了《农村土地承包经营权流转风险基金管理办法（试行）》，按照管理办法，土地流转风险基金由县财政每年预算安排100万元，滚存使用。其中，单宗流转承包农民土地100亩以上，兴建现代农业示范园区和产业基地的种植业业主，因突发性严重自然灾害如旱灾、洪灾、风灾、内涝、雹灾、冰冻等造成生产严重困难，按政策性农业保险赔付后，支付流转承包农民土地租金和恢复生产仍有困难的，可按每亩粮油作物300—500元、经济作物300—700元的标准申请补助。在土地流转风险基金的使用上，由业主书面申请，所在乡镇和村委会组织农民代表评议并公示，经乡镇领导班子集体审核同意后报送县农业局，县农业局评估复核后会同县财政局根据当年土地流转风险基金和申请补助情况提出补助方案，确定补助对象和标准，在新闻媒体、县政府公众信息网、乡镇政务公开栏公示7天无异议后，报县政府审批实施。此外，合肥市对同一受让方流转土地规模达到500亩及以上的且土地流转期限三年以上的流转项目，自合同签订之日起，纳入市、县（区）土地流转重点监管对象，并建立受让方资格准入审查、土地流转保证金、动态监测管理等制度。

（三）耕地损害风险防控

农村土地流转中的耕地损害风险，主要表现为土地受让方私自改变土地用途，造成耕地破坏的风险。目前，针对这一风险，成都创新性推出了耕地保护基金，充分调动了农户保护耕地的积极性（马义华和李太后，2012），具体内容包括：

1. 明确资金来源

耕地保护基金由市和区（市）县共同筹集。主要来源：一是每年市、区（市）县两级的新增建设用地土地有偿使用费；二是每年缴入市、区（市）县两级财政的土地出让收入的一定比例的资金。以上两项不足时，由政府财政资金补足。所筹资金全部纳入耕地保护基金专户，由市国土部门统一管理，根据各区（市）县的耕地面积和类别进行统筹安排。

2. 明确补贴对象

耕地保护基金主要用于在成都市范围内拥有土地承包经营权并承担耕地保护责任的农户，以及承担未承包到户耕地保护责任的村组集体经济组织，适用对象不因承包地流转而发生变化。

3. 明确补贴标准

根据全市耕地质量和综合生产能力，对耕地按基本农田和一般耕地实行类别保护与补贴。其中，对基本农田的补贴标准为400元/亩·年；对一般耕地的补贴标准为300元/亩·年。耕地保护补贴标准根据全市经济社会发展状况和耕地保护基金运作情况，相应增长。

4. 明确使用范围

耕地保护基金主要用于耕地流转担保资金和农业保险补贴，承担耕地保护责任农户的养老保险补贴，承担未承包到户耕地保护责任的村组集体经济组织的现金补贴。耕地保护基金资金总量的10%用于农业保险补贴，剩余资金用于农户养老保险补贴和集体经济组织现金补贴。

5. 明确保护责任

对耕地保护责任人未认真履行耕地保护责任、非法改变耕地用途或破坏耕作层致使耕地生产能力降低的，立即责令在规定的期限内恢复耕地生产能力。对造成耕地永久性破坏的，追缴已发放的耕地保护资金补贴，并依照相关规定进行处罚。

八 启示与建议

（一）推进土地流转的几个共性问题

1. 农地无偿分配与法律规定困扰企业长期投资

按照现有法律法规，农户耕地是按照其所在集体经济组织的适龄人口平均无偿分配的，具有很强的社会福利属性，而且根据土地区位和质量，明确划分了每户家庭的耕地边界，企业流转土地后，势必会统一整理土地，打破原有土地划分边界，一旦企业需要转让土地承包经营权时，企业不仅要在土地承包经营权流转市场不成熟情况下，再次尽快出让土地，以保障农民获得稳定的土地收益，还要面临一旦土地流转不畅，农民要求重新分地所产生的地块分配和农田新增设施资产变现难题。同时，按照农村土地承包法的有关规定，2027年或2028年二轮延包到期以后，农村土地承包经营权可能进行重新分配，届时企业流转土地如何处置还没有法律法规依据。而且，随着二轮承包期的临近，土地流转期限将越来越短，企业顾虑也会越来越大，导致现在的土地流转只适合短期投资，企业不愿意对农业基础设施和土壤改良等进行长期投入，制约农业项目的长期盈利水平。

2. 流转土地集中困难

目前，各地土地流转中普遍存在地块分散，连片集中难的问题，主要原因是农户之间缺乏有效的组织，不同农户的流转意愿不同，流转面积不一，农户之间的地块调整难以协调。而且，许多农户是把偏远或者不好耕种的土地拿来流转，进一步增加了土地集中的难度。土地难以大规模连片集中，给企业发展规模化、机械化农业势必带来较大困难。

3. 农户与企业之间难以形成合理的收益分配机制

企业流转土地后，主要用来经营高效农业、设施农业和休闲观光农业，由于企业作为投资主体，在资金、技术等方面投入大，而农户以纯土地投入折价较低，导致农户所能分配的收益比例较低。在不少地区，农户及其代理组织一般只能从土地承包经营权的转让中获得固定的收益，而不能根据企业的发展、经营效益的提高获得进一步的收益，农户也很难获得流转土地的"增值收益"，农户与企业之间还没有形成长效合理的利益分配机制。而且，农民一般只注重眼前短期利益，不愿和企业共同承担经营风险。随着农业经营项目投资规模的扩大和盈利能力的增强，不同流转主体之间利益分配的不均衡将加大产生纠纷的可能性。

4. 土地流转配套制度不健全

土地流转不仅仅涉及农户、村集体或其他中间代理人与企业之间的土地经营权转移，还需要配套农村土地确权颁证、统一登记、价值评估、耕地保护、金融产品开发、农民就业与社会保障、流转风险防范等一系列相关事项，然而，目前我国各地农村土地大多仍处于探索阶段，相关配套服务还不完善，企业仍面临较多潜在风险。

（二）对工商企业推进土地流转的启示

1. 因地制宜推进流转模式创新

考虑到各地耕地资源禀赋、村集体或政府效率、农民流转意愿等均存在不同，在土地流转模式的推广和应用上，应坚持属地原则，在充分研究项目所在地土地分布和质量、主要流转主体参与形式、流转信息透明度、流转效率、流转平台建设、流转利益分配先例、流转风险防范机制等基础上，借助流转主体、第三方土地流转服务组织、金融机构、科研院所等多方力量推动模式创新，制定最能被当地农民及其中介人接受的土地流转模式，并适时调整完善流转方案。

2. 善于借助村集体和基层政府中介作用

村集体或基层政府出于政绩需要，有很高的热情推动当地农村土地规模化流转，村集体和基层政府常常直接参与土地流转，企业因此可以很好地与村集体或基层政府合作，协助政府建立农村土地流转配套服务体系，让村集体或基层政府充当农村土地流转的中间人和调解人，不仅有利于解决农村地块分散和农民自组织较差，导致的土地规模化流转难问题，也有利于企业在与农民产生利益纠纷时，尽可能地避免出现被动和无助局面。

3. 充分保护农民主体权益

在农村土地流转中，企业与农民的利益冲突多源于双方信息沟通不畅、企业轻视农民权益等原因。因此，从成熟的农村土地流转模式中，我们可以发现企业应该树立农民主体意识，充分考虑农民的知情权和话语权，企业与农民之间不是"零和博弈"，而应是双赢关系。只有企业与农民之间建立起互惠互利的利益联结机制和合情合理的收益分配机制，允许农民分享流转土地的"增值收益"，才可能最大限度地减低土地流转成本和风险，并能在流转土地项目中获得农民的信任与支持。

4. 高度关注土地流转风险

由于农村土地流转尚属于新生事物，各地仍处于探索阶段，企业参与土地流转不仅面临与农民之间潜在的利益纠纷风险，还要考虑国家法律法规和地方土地流转政策变化导致的政策风险。除此之外，农业项目投资回报周期长，还易受自然灾害和市场价格波动等系统性风险影响，企业因此面临较大的农业项目融资难题和经营风险。因此，从土地流转初始，企业就应该着手联合农民、村集体、政府、其他企业、科研院所、金融机构等，建立多方参与的农村土地流转风险防范机制，根据不同流转项目出台针对性的风险防范预案，积极为政府出台政策性农业保险、耕地流转风险基金等公共性土地流转风险防范机制贡献力量。

（三）工商企业选择农村土地流转模式的建议

基于对农村土地流转模式及其各地实践的总结，结合我国各地区差异，在华夏幸福基业推进农村土地流转的模式选择上，我们建议按照四类地区采取差别化策略。四类地区分别是京津冀环首都城市群郊区、长三角城市群郊区、中西部城市郊区和特色资源地区。四类地区农村土地流转后的抵押融资模式、风险防控方式可以根据当地相应的制度安排进行选择。

在京津冀环首都城市群郊区，该地区合作经济发展不充分，农民对土地依赖程度较高，农村居民收入地区差异明显。依据农村居民人均收入水平和流转市场成熟度还可以细分出两类地区，第一，农村居民人均收入水平不高，但流转市场成熟的地区，农村土地流转建议采取"企业＋产权交易平台＋农民"模式，给予农民浮动货币补偿或实物折价补偿，并提供就业岗位，企业以自主经营为主；第二，农村居民人均收入水平较高，但流转市场成熟度不足地区，农村土地流转建议采取"企业＋村集体（基层政府）＋农民"模式，给予农民浮动货币补偿或实物折价补偿，企业以自主经营为主。

在长三角城市群郊区，该地区农村居民人均收入水平普遍偏高，民营经济或集体经济发达，农民对土地依赖程度低。依据该地区合作经济发达程度和流转市场成熟度还可以细化出两类地区，第一，合作经济发达和流转市场成熟的地区，如苏南地区，农村土地流转建议采取"企业＋土地股份合作社＋农民"模式，给予农民保底分红＋浮动收益分红，企业采取自主经营为主的经营模式；第二，合作经济不发达，且流转市场也不成熟的地区，农村土地流转建议采取"企业＋农民"模式，吸引农民以土地折价入股，给予农民保底分红＋浮动收益分红，企业以自主经营为主。

在中西部城市郊区，依据地区农村居民人均收入水平、村集体或地方政府参与积极性和流转市场成熟度还可以细化出三类地区，第一，农村居民人均收入水平较高、村集体或地方政府参与积极性高和流转市场成熟度高的地区，如成都地区，农村土地流转建议采取"企业＋中介组织＋农民"模式，可以根据各地土地银行、产权交易平台等土地流转中介组织的发展水平，选择合适的中介组织，给予农民浮动货币或实物折价补偿，企业可以采取自主经营或委托经营模式；第二，农村居民人均收入水平不高、村集体或地方政府参与积极性高和流转市场成熟度高的地区，如重庆农村地区，农村土地流转建议采取"企业＋产权交易平台＋农民"模式，给予农民浮动货币或实物折价补偿，并提供就业岗位，企业可以采取自主经营或委托经营模式；第三，农村居民人均收入水平不高、村集体或地方政府参与积极性高，但流转市场成熟度不高的地区，农村土地流转建议采取"企业＋村集体（基层政府）＋农民"模式，给予农民浮动货币或实物折价补偿，并提供就业岗位，企业以自主经营为主。

在特色资源地区，依据当地农业资源优势，重点以高附加值和农业第三产业开发为主，因此土地流转建议以"企业＋村集体（基层政府）＋农民"模式为主，给予农民浮动货币或实物折价补偿，并提供就业岗位，企业以自主经营为主。

第六章
工商资本下乡的土地风险和用地保障机制研究

一 引言

当前，我国分散小农的耕种模式已越来越难以适应现代农业发展需要。随着新型城镇化和人口老龄化的持续推进，农业从业者结构正处于重大调整的历史关键节点。为维护国家粮食安全和促进农业现代化，工商资本下乡用地已成大势所趋。但是，工商资本的逐利倾向决定了其具有"双刃剑"特性，因此既不能放纵工商资本任性而为，也不能站在保护农民利益的道德制高点过度束缚工商资本的手脚。在实施乡村振兴战略的背景下，只有正视工商资本下乡用地的风险和合理需求，通过政策设计进行激励和规范，发挥工商资本下乡用地的积极作用，才能真正实现工业反哺农业、城市支持农村，促进城乡融合和农村产业融合发展，构建现代农业生产体系、产业体系和经营体系。

我国工商资本进入农业有近30年的历史，21世纪以来渐成常态，相关风险研究也成为城乡融合和农村产业发展领域的热点问题。现有研究更多关注工商资本下乡对农民利益的损害风险，包括无地可种、非自愿流转、拖欠价款（陈振等，2018）、收益分配不合理（牛星和李玲，2018）、群体性事件及社会稳定（蒋永穆等，2010；张宏宇，2013；周敏等，2015）等。鉴于工商企业下乡失败案例颇多，所以企业面临的政策风险、流转期限风险、自然风险、技术设备风险也受到了学者关注（牛星和李玲，2018）。姜晓萍和衡霞（2011）认为农村土地流转时会面临契约风险、市场风险和社会风险，而这些风险是由人类的道德风险、非合作博弈、交易费用及地方政府行为悖论产生的。陈振等（2018）将风险分为约定阶段风险与执行阶段风险，包括产权边界不清、制度规则模糊、信息不对称、激励政策不合理、政策执行主体能力偏低、准入机制缺失、监管机制缺失以及配套措施不完善，这些因素共同作用，使产权出现公共领域，因此利益集团存在合谋的空间，一旦权利和资本之间有共同利益，通常会有限选择对利益联盟有益的行为，而对利益集团以外的任务采取消极应对和规避责任的态度，最终产生土地流转的"负外部性"。当该成本超过农户、社会经济子系统、生态环境子系统能承受的范围时，就会引发经济风险、社会风险及生态风险。针对土地流转风险，已有研究也提出了一些应对措施。但是，当前研究更多集中于识别工商资本下乡的风险种类及风险表现，而对于什么因素会产生风险，这些因素通过何种途径导致土地流转风险，以及针对工商企业的风险防范、工商企业权益保护的相关研究较少。本章聚焦工商资本下乡用地的相关风险及相关争论，深入分析工商资本下乡用地遭遇的政策困境，剖析工商资本下乡用地风险的产生机制，力争为建立适应乡村振兴和工商资本下乡合理诉求的土地政策体系提供启示。

二 工商资本下乡用地的现状

工商资本下乡主要从事农业生产经营、农村一二三产业融合等经济活动，从用地类型上看主要涉及耕地、设施农用地和建设用地。

（一）工商资本下乡流转耕地的基本情况

工商企业在耕地流转中的作用日益突出。根据农业农村部的统计，2012—2014年流转入企业的承包地面积年均增速超过20%，2014年达到 3900 万亩，2016 年流转入企业的农户承包地面积进一步增至 4600 万亩，其中宁夏、陕西、贵州、重庆、北京 5 省（市、区）流转入企业承包地面积占比超过了 20%，宁夏更是高达 31%。截至 2017 年 6 月底，流转入企业的承包地面积超过 5200 万亩，占比达 10.5%，无论是企业流转耕地总量还是占比均呈上升态势（见图 6-1）。与此同时，2016 年流转入农户（含专业大户和家庭农场）的承包地面积比重由 2010 年的 69.2% 降至 2016 年的 58.4%，流转入农民专业合作社的比重达 22.4%，呈上升势头。考虑到很多农民专业合作社是工商企业领办或创办的，实际上流转入工商企业的农户承包地面积和占比更高。

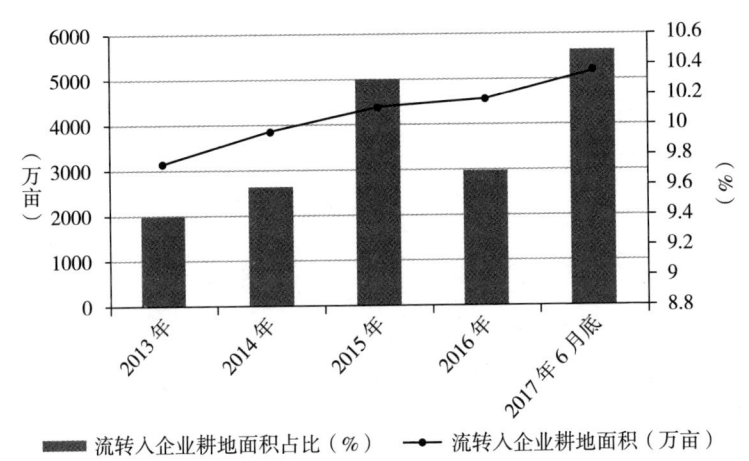

图 6-1 近年来工商企业流转耕地情况

注：数据来源于农业农村部对全国 30 个省（市、区）的调查（不含西藏）

工商企业倾向于通过中介组织集中流转耕地，农地流转期限以中短期为主，非粮化特征明显。鉴于与分散农户一对一谈判的交易成本高、效率低，工商企业下乡租赁农地多通过中介组织集中流转连片土地，[①] 由于许多涉及农地的产业和基础设施项目都存在投资周期长、见效慢的

---

① 中介组织包含但不限于乡镇政府、村集体、农民合作社、土地流转服务中心、农村产权交易中心、农地信托中心等。

问题，所以工商企业热衷于和农户签订土地长期流转合同，但农户更倾向于短期合约或随时终止合约（即不约定流转期限），即便工商企业与农户签订了长期租地合约，但普遍约束性不强，尤其是地租的支付方式多为每1—3年一调整或者按照亩均产出的谷物价值折合，地租谈判破裂就意味着租赁合约到期，短期性的农地租赁合约长期保持主流地位（叶剑平等，2006；罗必良等，2017）。

三 工商资本下乡用地的争议

工商资本下乡从一开始就遭遇争议困扰。随着工商资本下乡相关新闻报道的日渐增多，以及国家和地方相关政策的连续发布，争议更是愈演愈烈。工商企业本身既是争议的源起者，也是争议的受害者。

（一）工商资本下乡用地动机不纯？

由于大多数农业领域利润率较低，所以不少学者深度怀疑工商资本下乡用地的真实动机。程国强（2013）就从企业或投资者对农业的有限认知出发，认为企业对农业的投资就是为了获得土地，并试图绕开甚至突破现有制度框架。具体来说，资本投资农业的目的就是通过土地整治或增减挂钩项目获得土地指标，发展房地产、观光旅游等非农产业（潘晓泉，2013；周飞舟和王绍琛，2015；韩启民和丁琳琳，2016），农业项目本身反而成了充当掩饰作用的烟幕弹。一些工商企业甚至抱有浓厚的投机心理，以租地经营农业为名实则借机炒作土地，等待土地升值后获取高额差价（田欧南，2012；李家祥，2016），抑或是为了套取政府补贴资金，或者静候拆迁获取高额赔偿（田明津和上官彩霞，2017）。

现实情况是，下乡动机不纯的工商资本确实存在，但具有农业或家乡情结、单纯想通过农业经营赚钱的企业也不少。不少工商资本下乡是因为对优质安全农产品市场的良好预期（李中，2013），也是当前资金充裕、投资热点缺乏背景下的一种战略性选择（吕军书和张鹏，2014）。资本天生具有逐利倾向，工商资本下乡用地的根本动力也是为了获得更高的经济回报，这本身无可厚非。不能一厢情愿地让工商企业主下乡担当慈善家，而应该在强化土地用途管制和投资风险防范的同时，通过巧妙的机制设计将工商资本下乡的利益诉求与政府的乡村振兴期望保持一致、与农民增收致富的愿景协调统一。

（二）工商资本下乡真的提高了农业生产效率吗？

这一争议最早可以追溯到资本规模经营与小农经营的"列宁—恰亚诺夫之争"。传统观点是由于农业产业具有非标准化、季节性和空间属性，导致农业生产容易出现激励和监督难题，这对小农家庭经营影响不大，但不利于农业规模化生产（恰亚诺夫，1996）。不少研究从实证角度验证了农业规模经营与农业生产率成反比（普罗斯特曼等，1996；高梦滔，2006）。而且，随着中国农村土地资本化的快速推进，土地租金迅速上涨，再加上人口流动带来的雇工成本的持续走高，从事农业规模经营的工商企业容易出现利润率下降和亏损（黄宗智，2012）。王彩霞（2017）从工商资本租地震荡现象出发，更是认为工商资本下乡不仅没有显著提高规模农业生产效率，反而造成农业生产成本上升。

争议可能源于对农业生产效率的不同测量维度。当单纯考察土地生产率时，土地规模与土地生产率之间的正向、负向关系都有不少研究支持（石晓平和郎海如，2013）。当考察劳动生产率时，大多数研究证实农地经营规模与劳动生产率之间存在正向关系（黄祖辉和陈欣欣，1998；李谷成等，2010）。王国敏和唐虹（2014）基于农地经营规模综合效率指标，也发现即使在四川这样的山地丘陵地区，农地适度规模经营依然是有效的，超小规模农业经营正逐渐失去比较优势。而且，一个不争的事实是，从欧美日等发达国家的历史数据实证分析中都可以发现，平均单位农场土地经营面积增加，农产品的单位面积产量也随之增加（张光辉，1996）。事实上，农业从业人员老龄化的严峻现实，已不容学者过度讨论农地规模经营的效率高低了，更何况通过工商资本下乡开展农业规模经营仍有极大的效率改进空间。

四 工商资本下乡用地遭遇三大政策困境

（一）农村土地流转期限不明

在我国农村土地集体所有制下，农户土地承包权的取得凭借的是成员权而不是市场交易（余艳琴和查俊华，2004），而成员权的源头又来自国家意志。所以，国家拥有农村土地承包经营权的分配权，不仅能够决定哪些人能够获得土地承包经营权，也规定了农民能够获得的土地承包期限。《土地承包法》进一步明确规定，农地流转的期限不得超过承包权的剩余期限。虽然党的十九大提出第二轮土地承包到期后再延长30年，但随着第二轮土地承包到期日（2027年或2028年）的临近，到期后如何再延长30年？土地流转关系如何延长？等问题却并没有明确，并引发了不同的理解。[①]对工商资本来说，原有流转关系是否延长，既要取决于新的发包关系中人地关系是否调整，也要取决于新的土地承包经营权人和土地经营者的流转意愿（宋志红，2018），这都存在很大的不确定性。结果是，农民不愿长期流出土地、工商企业不敢长期流入土地，农地流转契约的短期化问题日益突出，大大制约了下乡企业对土地的投资强度和经营深度。

---

① 宋志红（2018）对此进行了系统梳理，发现有的专家将此理解为农户现有具体承包关系再延长30年，甚至是到期后土地不调整继续由原承包人承包30年，宋志红的解读是新的承包期继续定为30年，但不意味着原人原地延包30年。

（二）设施农用地存在刚性上限要求

从 2007 年以来，国土资源部等相关部门相继发布了多项关于设施农用地的政策文件，尤其是 2014 年国土资源部和农业部印发《关于进一步支持设施农业健康发展的通知》（国土资发〔2014〕127 号），对设施农用地的类型、用地规模、建设标准和监督管理出台了非常详尽的规定，为防止设施农用地违规转用提供了可操作的依据，但因设置了附属设施和配套设施用地的比例限制和最高 10 亩或 15 亩的上限要求（见表 6-1），与设施农业用地的实际需求存在较大缺口，导致工商企业对设施农用地的需求很难得到满足。

表 6-1　　　　　　　当前关于设施农用地的政策梳理

设施农用地类型	2014 年政策规定	2017 年政策规定
生产设施用地：在设施农业项目区域内，直接用于农产品生产的设施用地，包括工厂化作物栽培温室用地、规模化养殖畜禽设施用地、水产养殖设施用地、生产看护房用地等。	无	对于农业生产过程中所需各类生产设施和附属设施用地，以及由于农业规模经营必须兴建的配套设施，包括蔬菜种植、烟草种植和茶园、橡胶园等农作物种植园的看护类管理房用地（单层、占地小于 15 平方米），临时性烤烟、炒茶、果蔬预冷、葡萄晾干等农产品晾晒、临时存储、分拣包装等初加工设施用地（原则上占地不得超过 400 平方米），在不占用永久基本农田的前提下，纳入设施农用地管理，实行县级备案。
附属设施用地：直接用于设施农业项目的辅助生产设施用地，包括检验检疫和病虫害防控技术设施及管理用房用地、环保设施和有机肥生产设施用地、临时存储分拣包装和场内道路等用地。	进行工厂化作物栽培的，附属设施用地规模原则上控制在项目用地规模 5% 以内，但最多不超过 10 亩；规模化畜禽养殖的附属设施用地规模原则上控制在项目用地规模 7% 以内（其中，规模化养牛、养羊的附属设施用地规模比例控制在 10% 以内），但最多不超过 15 亩；水产养殖的附属设施用地规模原则上控制在项目用地规模 7% 以内，但最多不超过 10 亩。	
配套设施用地：新型农业经营主体从事规模化粮食生产必需的配套设施用地，包括晾晒场、粮食烘干设施、粮食和农资临时存放场所、大型农机具临时存放场所等用地。	南方从事规模化粮食生产种植面积 500 亩、北方 1000 亩以内的，配套设施用地控制在 3 亩以内；超过上述种植面积规模的，配套设施用地可适当扩大，但最多不得超过 10 亩。	

资料来源：根据国土资源部相关文件和《土地利用现状分类》（GB/T21010-2017）整理而得。

（三）涉农项目建设用地供给严重不足

近年来，为了鼓励农业产业化、农村一二三产业融合发展，国家相继出台文件保障农村非农建设用地，如2015年底《国务院办公厅关于推进农村一二三产业融合发展的指导意见》中，明确提出"各省（区、市）年度建设用地指标中单列一定比例，专门用于新型农业经营主体进行农产品加工、仓储物流、产地批发市场等辅助设施建设"。随后国土部发布文件要求安排一定比例年度土地利用计划，专项支持农村新产业新业态和产业融合发展。但省市政府的落实情况并不理想。2017年，全国只有吉林、黑龙江、福建和广东4个省份明确了针对农村产业发展的年度建设用地指标，而且上述省份的许多市县政府也没有真正执行。建设用地短缺成为下乡工商企业反映最突出的问题，严重抑制了工商资本下乡投资的力度和热情。

五 基于工商资本视角的土地风险分析

（一）农地规模化流转中的风险发生机制分析

1. 农地过度资本化，加剧工商企业的农业经营风险。 土地资本化要求通过产权交易来实现，在我国农地资本化主要是农户将土地经营权通过转让、出租（转包）、抵押、入股等方式流转给其他经营主体。农地过度资本化即"农村土地资源脱离了农业用途的资本化过程"（全世文等，2018），其直观的表现形式是土地租金显著超过了农业生产所能承担的合理地租水平，即每年地租水平超过农户正常经营收益，在粮食生产功能区内还可以进一步具化为地租超出了农地用于粮食生产的合理获利水平。究其原因，除了土地资源的稀缺性之外，关键还是工商资本竞相下乡开展的农地"非农化"和"非粮化"利用。农地产值的提高一方面来源于资本、劳动和技术等要素投入，另一方面来源于农产品结构的调整。在短期技术进步一定的情况下，要素投入效率具有边际递减规律，所以对于进行农地资本化的工商企业来说，在农地农用约束下，一是不断调整农产品结构，生产适应市场需求的高价值的经济作物、设施农业，但这类高收益农产品与粮食不同，公共品属性不强，更多地表现出竞争性，所以不享受国家托市政策扶持，往往面临很大的市场波动风险，而且很多下乡的工商资本既没有成熟的技术团队支撑，也缺乏有效的运营管理和市场开拓能力，当同质化竞争加剧时极易出现亏损。二是从事粮食等大宗农产品的规模化经营，通过规模经济效应提高亩均获益水平，但是相关支持政策不足，农业领域投入产生的规模经营效率提升往往无力弥补农地过度资本化下土地租金溢价和刘易斯拐点下雇工工资棘轮效应所带来的农业生产成本上升（尚旭东和朱守银，2015），流转土地种粮也面临巨大的经营风险。

2. 外嵌资本与乡土社会互动不畅，诱发经营困难与社会纠纷风险。除了一部分返乡经营的企业家外，工商资本下乡更多地表现为外来资本介入乡土社会，具有典型的外来性，身份认同难题与互动不畅交织，极易引发经营监督和沟通协调问题。乡土社会中，人与人之间广泛利用宗族关系、权威关系、熟人关系等来防范道德风险和实施监督管理，所以建立在乡土社会关系上的规模经营就像是家庭经营的扩大版，可以利用固有的社会伦理以及社会结构共同构成的"传统"来规避很多经营风险、调处纠纷（徐宗阳，2016）。但是，外来的工商资本对于原住村民来说并不属于"自己人"，很多的时候仅仅是土地出租承租或劳动力雇佣被雇佣关系。在信息不对称的情况下，农民对企业土地经营行为不信任，不仅不愿和企业建立"风险共担、收益共享"的紧密型关系，还担心企业无序建设、过度开发土地，倾向于土地租赁短期化，甚至阻挠企业大规模土地投资，对那些刚刚完成身份变换的"农业工人"的监督也成了下乡企业的一大难题。政府对工商企业收取土地流转保证金，实际上也是对企业土地经营行为不信任的表现。当外来企业的经济活动嵌入到非经济的乡村制度或社会关系网络中时，必然要受到乡土社会结构的约束。当前很多下乡企业往往忽视了这一点，不愿意与村民建立"自己人"关系，寄希望于借助基层政府力量强势介入农村土地经营，既会因生产监督难导致经营效率不高，还会因无法获得乡土社会传统风险缓释和调解机制的支持，滋生纠纷刚性爆发风险。

（二）设施农用地使用中的风险发生机制分析

设施农用地物权残缺与强资产专用性特征，造成农业设施融资受限和资金运营风险。设施农用地物权残缺的突出表现为土地经营权得不到确认，抵押融资更是困难重重，这一结果实际上是农地产权残缺进一步强化的表现。虽然当前全国各地均在推进农村土地确权登记颁证工作，但农地经营权流转平台和机制并不成熟，工商企业使用设施农用地进行开发建设时，往往无法获得设施农用地的经营权证，作为地上附着物的农业设施也不能顺利颁发产权证，农业设施产权交易和抵押融资更加缺乏制度保障和市场机制支撑。即便在一些改革先行地区，下乡企业可以申请获得上述两证，但由于设施农用地的取得需要得到国土部门的批准，而且通常具有独特的区位、市场、交通条件，天然就具有一定的资产专用性，再加上工商企业的资金、技术、人力资本投资，进一步强化了设施农用地的资产专用性特征。工商企业在设施农用地某一特定用途上的投入越大，该设施农用地的资产专用性就越强，改造转为他用的成本就越高，再次流转交易的需求就越少，资产变现能力也就越弱。在缺乏有效市场交易和风险分担机制的前提下，金融机构普遍不愿提供农业设施融资服务，工商企业只能依靠自有资金或高息拆借，增加资金运营风险。

（三）建设用地使用中的风险发生机制分析

官员任期政绩最大化，导致出现涉农项目建设用地指标短缺和违规用地风险。在政治晋升锦标赛的巨大压力下，地方领导的目标往往被局限于任期内的政绩最大化。当前经济总量增长又通常是政绩考核的主导指标，地方政府及其领导的理性行为选择，必然是在尽可能短的时间内推动地方经济总量的快速提升。国有建设用地指标作为高度稀缺的经济发展要素，也只能被分配到经济回报最高的领域。相对于城市工商业，农业及其延伸产业项目通常属于税收贡献小、经济增长带动弱的产业，即便中央层面要求分配一定比例的建设用地指标用于农村产业发展，但地方政府也有足够的动力消极对抗，最终造成农村产业领域建设用地普遍紧缺。涉农产业巨大的投资额也会引起一些农业大县政府的高度重视，地方官员为了追求任期政绩最大化，在建设用地审批手续和指标尚未到位的情况下，有动力采取机会主义行为向工商企业承诺给予建设用地保障，怂恿工商企业"未批先建、小批大建"，甚至鼓励或默许企业改变土地用途，发展能够产生更高投资额和地方财政收入的房地产等非农产业。一旦地方领导人事变动或土地监管趋严，企业就会遭遇巨大的违法用地查处风险。

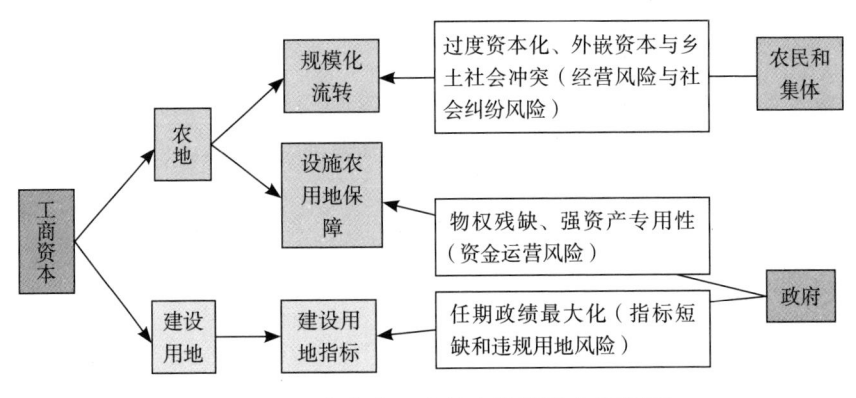

图 6-2 工商资本下乡的土地风险分析框架

六 完善工商资本下乡土地风险防范和用地需求保障机制的思考

基于工商资本下乡用地的现状和风险分析,下一步需要深化农村土地制度改革,优化城乡土地利用空间布局,扩大乡村发展土地要素供给,建立适应乡村振兴和工商资本下乡合理诉求的土地政策体系。

(一)建立有效的激励机制,鼓励引导农地粮用

农地"非粮化""非农化"需求既是农地过度资本化的结果,也是农地过度资本化的内生动力。为了防止农村土地脱离农业经营范围,尤其是确保粮食生产功能区内土地被用于粮食生产,除了加强农地用途管制和监督执法外,还必须建立有效的激励机制。一方面,要将放活土地经营权置于严格的制度框架内,不能使农村土地的资产属性严重偏离其资源属性,不能使农业以外的市场决定农村土地的价格(全世文等,2018)。这就要求国土、农业等主管部门,要强化联合监督执法,落实卫星遥感监测和现场实地核查相结合,探索将国土资源违法信息纳入社会统一征信平台,支持地方政府制定发布辖区内农用地基准地租。另一方面,突出强调粮食安全的半公共品属性,提高企业从事粮食生产的资本回报。发达省份和有条件的地方,可以借鉴成都市经验,对粮食生产功能区内土地流转用于粮食生产经营的企业给予地租补贴,建立面向粮食规模生产经营主体的社会化服务体系。同时,对于农业大省、农业大县,要强化中央涉农资金的倾斜,提高粮食生产功能区内中央财政的投入比例,调动地方政府的积极性。

(二)引导企业融入农村社群,构建互利共生利益共同体

下乡工商企业以资本、技术等嵌入农村土地生产经营,必须用

"乡土性"意识来冲淡自身的"外来性"特征，通过与农村居民构建价值共识、利益共享的良性互动机制，才能实现持续稳定的经营。按照岳经纶和陈泳欣（2016）对台湾桃米社区的经验研究，这需要融入、转化到建立共同体三个步骤。首先，外来工商资本要取得原住村民的信任，这就要求外来企业必须站在村民和村庄发展的立场，与村民寻求利益共同点，关于农村土地利用的周密计划要将村民视为主体，让他们感受到这是为自己而努力，在起步阶段充分尊重与理解农民"获益优先"的实用主义。其次，通过培训和示范引领，将外来工商资本的知识、管理、技术优势传输给原住村民，借助潜移默化的观念输入促使原住村民重新了解、认识工商企业的农地经营行为和计划，最大限度地让村民与企业发展目标一致。最后，通过村企联建党组织、社会志愿组织等，使自身组织内嵌于农村社区治理网络，借助吸引村集体和村民注资入股、党组织＋企业＋合作社、与农村集体经济组织开展联营等，积极发展股份合作、二次分红等紧密型利益联结机制，建立起农村社区居民获益机制，实现工商资本与乡村资源的有机融合。政府要建立健全工商企业带农富农正向激励机制，在龙头企业认定、项目扶持等方面，对利益联结紧密、守信履约好、带动能力强的工商企业给予优先支持，逐步建立下乡工商企业社会责任报告制度。

（三）明确农地长久不变实现形式，推动农村土地长期流转

引导工商资本下乡，必须让企业吃上土地经营权长期不变的"定心丸"。建议加快推进农村土地确权颁证工作，落实农村土地"三权分置"制度，鼓励有条件的地方率先探索第二轮土地承包到期后再延长30年的具体操作办法，试点开展农村土地长期流转，形成可推广、能复制的农村土地承包关系长久不变实现形式。禁止强制性整村流转，杜绝乡镇政府主导推进规模流转，在充分尊重农民意愿的基础上，支持以村或社为单位，通过成立土地股份合作社、兴办集体农场、入股

或委托工商企业托管经营等多种形式，创新土地规模连片流转模式。健全县、乡、村三级土地流转服务和管理网络，因地制宜建立农村土地流转服务公司、农村产权交易平台、土地流转服务中心等各类农村土地流转中介组织，为流转双方提供信息发布、政策咨询、价格评估、标准合同、资质审查、金融开发、公证仲裁等服务，形成高效的农村土地流转市场。

（四）完善设施农用地政策，推进标准化农业设施交易

设施农用地不仅要克服农村土地产权残缺的弊端，还要解决有限期限下使用权的确认和流转问题。这就需要鼓励各地将农村土地确权颁证工作延伸到设施农用地和农业设施，进一步细化设施农用地范围，明确生产设施、配套设施、附属设施三类设施农用地的规划安排、选址要求、使用周期，适应环保监管和农村产业融合发展要求，适当扩大农业配套设施和附属设施的上限规模。同时，针对设施农用地和农业设施资产专用性较强的特点，支持各地制定出台农业配套设施和附属设施的建设标准和用地规范，对农业设施建设企业实行资质认证和管理，实现农业设施标准化认定和信息申报，支持将设施农用地使用权（标准化农业设施所有权）纳入农村产权交易平台，配套建立农业设施价值评估、拍卖处置等机制，推广开展农业设施抵押融资。

（五）强化涉农项目建设用地供给，积极盘活农村存量建设用地

只有提高地方政府官员政绩函数中的"三农"权重，才能在激烈的官员晋升锦标赛中确保建设用地等稀缺资源投向涉农产业，尤其是对于农业大县、农业大市，既要强化农业及其产业化发展指标考核，又要弱化经济总量、投资总额和税收增长指标考核。除了要求各级政府在年度建设用地计划中明确单列一定比例专门用于农村新产业新业态发展外，根据各地落实情况，在下一年度建设用地指标计划分配中给予增减奖罚。同时，推动形成建设用地多元供应主体，强化农村集体经济组织在农村集体建设用地使用和流转中的主体地位，挖掘农村存量建设用地的巨大潜力，扩大农村建设用地的使用范围，通过农村闲置宅基地整理、土地整治等新增的耕地和节余的建设用地，优先用于农业农村发展。鼓励有条件的地区编制农村发展规划和土地利用规划，调整优化村庄用地布局，扩大农村宅基地制度改革试点范围，加快推动符合条件的农村集体经营性建设用地直接入市。

参考文献

埃莉诺·奥斯特罗姆：《公共事物的治理之道》，余逊达、陈旭东译，上海译文出版社 2012 年版。

安耀武：《阜阳："四轮驱动"创新农业经营体系》，《安徽日报》2014 年 6 月 2 日。

保罗·皮尔逊：《回报递增、路径依赖和政治学研究》，摘录自何俊志、任军锋、朱米德《新制度主义政治学译文精选》，天津人民出版社 2007 年版。

陈佳骊：《美国新泽西州土地发展权转移银行的运作模式及其启示》，《中国土地科学》2011 年第 5 期。

陈伟峰、赖浩锋：《天津"宅基地换房"调研报告》，《国土资源》2009 年第 3 期。

陈云青、洪榕山：《晋江积极探索村级宅基地有偿使用及退出机制》，《泉州晚报》2016 年 2 月 22 日。

陈振、欧名豪、郭杰、费罗成、程久苗：《农地资本化流转风险的形成与评价研究》，《干旱区资源与环境》2018 年第 9 期。

程国强：《投资农业要深刻把握农业的本质特征》，《农民日报》2013 年 1 月 12 日。

程士华：《全国首个土地流转信托项目落户安徽宿州》，《经济日报》2013 年 10 月 21 日。

程雪阳:《土地发展权与土地增值收益的合理分配》,《法学研究》2014年第5期。

代金光、韩建培:《通州首家土地专业合作社成立 农民以土地入股》,《信报》2009年11月2日。

道格拉斯·诺斯:《理解经济变迁过程》,钟正生、邢华等译,中国人民大学出版社2008年版。

道格拉斯·诺斯:《制度、制度变迁与经济绩效》,杭行译,韦森译审,格致出版社、上海三联书店、上海人民出版社2014年版。

丁关良:《1949年以来中国农村宅基地制度的演变》,《湖南农业大学学报》(社会科学版)2008年第4期。

董秀茹、张宇、卢巍巍:《农村集体经营性建设用地入市途径选择研究——以黑龙江省安达市为例》,《江苏农业科学》2017年第4期。

董祚继:《如何买卖农村集体建设用地?》,《财经国家周刊》2016年3月17日。

范子英:《土地财政的根源:财政压力还是投资冲动》,《中国工业经济》2015年第6期。

方静、陈荣清:《我国农户宅基地退出的研究综述》,《农村经济与科技》2013年第8期。

付冬梅、龙腾:《浙江德清集体经营性建设用地入市模式研究》,《上海国土资源》2016年第2期。

盖伦程、于平:《农地非农化制度的变迁逻辑:从征地到集体经营性建设用地入市》,《农业经济问题》2017年第3期。

高洁、廖长林:《英、美、法土地发展权制度对我国土地管理制度改革的启示》,2012年5月14日,中国农村研究网。

高梦滔:《小农户更有效率?——八省农村的经验证据》,《统计研究》2006年第8期。

龚洁、华兴桥:《宅基地超面积有偿使用 衙前已落实九成半》,《萧山日报》2015年11月6日。

郭文剑、徐才丰、朱锦春：《苏州市农村土地股份合作模式研究及评价分析》，《中国集体经济》2012年第4期。

国土资源部：《关于促进农业稳定发展 农民持续增收 推动城乡统筹发展的若干意见》（国土资发〔2009〕27号），2015年1月12日，人民网（http://sn.people.com.cn/n/2015/0112/c350605-23523227-3.html）。

韩立达、李曼宁：《我国农村宅基地制度演变及改革研究》，《安徽农业科学》2009年第8期。

韩启民、丁琳琳：《资本下乡：城乡统筹背景下的实践逻辑——以四川省成都市青白江区为例》，《福建论坛》（人文社会科学版）2016年第12期。

何爱国：《中国农民工问题研究述论》，《当代中国史研究》2009年第4期。

何格、别梦瑶、陈文宽：《集体经营性建设用地入市存在问题及其对策——以成都市为例》，《中州学刊》2016年第2期。

何祖普：《农村宅基地有偿退出机制的立法探讨》，《经济研究导刊》2013年第11期。

贺亚玲：《浏阳规范宅基地有偿使用和退出规程》，2016年3月28日，红网（http://hn.rednet.cn/c/2016/03/28/3944901.htm）。

黄建春：《江苏省宅基地有偿使用的实践与思考》，中国土地学会青年学术年会，1992年。

黄宗智：《小农户与大商业资本的不平等交易：中国现代农业的特色》，《开放时代》2012年第3期。

黄祖辉、陈欣欣：《农户粮田规模经营效率：实证分析与若干结论》，《农业经济问题》1998年第11期。

江宜航：《德清集体经营性建设用地入市的改革路径》，《中国经济时报》2016年5月20日。

江宜航：《德清农村集体经营性建设用地入市改革取得阶段性成效》，《中国经济时报》2016年1月29日。

江宜航：《德清探索集体经营性建设用地异地调整入市》，《中国经济时报》2016年5月20日。

姜爱林、陈海秋：《农村宅基地法制建设的基本现状与完善对策研究》，《陕西理工学院学报》（社会科学版）2007年第2期。

姜晓萍、衡霞：《农村土地流转风险的形成机理及外部性研究》，《农村经济》2011年第11期。

蒋勃芊、刘志文：《交易费用经济学视角下"土地银行"的产生及运行——以四川省彭州市"土地银行"模式为例》，《西南大学学报》（社会科学版）2010年第4期。

蒋永穆、杨少垒、杜兴端：《土地承包经营权流转的风险及其防范》，《福建论坛》（人文社会科学版）2010年第6期。

靳相木、沈子龙：《国外土地发展权转让理论研究进展》，《经济地理》2010年第10期。

孔祥智、伍振军、张云华：《我国土地承包经营权流转的特征、模式及经验——浙、皖、川三省调研报告》，《江海学刊》2010年第2期。

兰斯·E.戴维斯、道格拉斯·诺斯：《制度变迁的理论：概念与原因》，摘录自R.科斯等《财产权利与制度变迁——产权学派与新制度学派译文集》，刘守英等译，格致出版社、上海三联书店、上海人民出版社2014年版。

李谷成、冯中朝、范丽霞：《小农户真的更加具有效率吗？来自湖北省的经验证据》，《经济学》（季刊）2010年第9期。

李红艳、余家容、陈小兵：《四川分行首批农村土地流转收益保证贷款在蓉发放》，《四川日报》2014年6月10日。

李家祥：《工商资本下乡经营农业：机遇与挑战》，《求实》2016年第7期。

李建桥:《重读"东江模式"农地资本化的重庆探索》,《信报》2008年9月11日。

李尚蒲、罗必良:《我国土地财政规模估算》,《中央财经大学学报》2010年第5期。

李世平:《土地发展权浅说》,《国土资源科技管理》2002年第2期。

李天际、张昕:《北京门头沟3000万元助"农村土地集中流转"》,《北京青年报》2014年5月18日。

李中:《工商资本进入现代农业应注意的几个问题》,《农业经济展望》2013年第11期。

李忠孝、赵宏松、李成员:《农村宅基地有偿使用与收费标准的研究》,《吉林农业大学学报》1993年第4期。

林毅夫:《关于制度变迁的经济学理论:诱致性变迁与强制性变迁》,摘录自R.科斯等《财产权利与制度变迁——产权学派与新制度学派译文集》,刘守英等译,上海人民出版社1994年版。

刘斐、许月明、姬斌:《农户农地流转意愿的影响因素实证分析——基于河北省高阳县350个农户的调查》,《中国农学通报》2011年第4期。

刘国臻:《论美国的土地发展权制度及其对我国的启示》,《法学评论》2007年第3期。

刘国臻:《中国土地发展权论纲》,《学术研究》2005年第10期。

刘丽:《农地生态保护的经济补偿机制初探——以美国土地发展权为例》,《国土资源情报》2013年第2期。

刘明明:《论我国土地发展权的归属和实现》,《农村经济》2008年第10期。

刘彦随、龙花楼、陈玉福、王介勇等:《中国乡村发展研究报告——农村空心化及其治理策略》,科学出版社2011年版。

刘义安、陈海明:《委托代理理论与我国国有企业代理机制述评》,《江海学刊》2003年第3期。

刘益林、徐霞、王森、杨浩：《基于ISM的我国集体经营性建设用地入市制约因素研究》，《宏观经济管理》2017年第S1期。

刘永湘、杨明洪：《中国农民集体所有土地发展权的压抑与抗争》，《中国农村经济》2003年第6期。

罗必良、邹宝玲、何一鸣：《农地租约期限的"逆向选择"——基于9省份农户问卷的实证分析》，《农业技术经济》2017年第1期。

罗伟玲、刘禹麒：《基于产权的宅基地退出机制研究》，《国土资源科技管理》2010年第3期。

罗伊·普罗斯特曼、李平、蒂姆·汉斯达德：《中国农业的规模经营：政策适当吗？》，《中国发展观察》1996年第6期。

吕军书、张鹏：《关于工商企业进入农业领域需要探求的几个问题》，《农业经济》2014年第3期。

马义华、李太后：《成都市耕地保护基金制度的实践与思考》，《改革与战略》2012年第28期。

曼瑟尔·奥尔森：《集体行动的逻辑》，陈郁等译，上海人民出版社1995年版。

牛星、李玲：《不同主题视角下农地流转的风险识别及评价研究——基于上海涉农郊区的调研》，《中国农业资源与区划》2018年第5期。

欧阳安蛟、蔡峰铭、陈立定：《农村宅基地退出机制建立探讨》，《中国土地科学》2009年第10期。

潘晓泉：《城乡统筹背景下城镇资本下乡研究》，硕士学位论文，北京大学，2013年。

逄燕华：《胶南县实行宅基地有偿使用制度成效显著》，《中国经济体制改革》1991年第1期。

彭长生、范子英：《农户宅基地退出意愿及其影响因素分析——基于安徽省6县1413个农户调查的实证研究》，《经济社会体制比较》2012年第2期。

恰亚诺夫：《农民经济组织》，萧正洪译，中央编译出版社1996年版。

秦炜：《中信信托半年圈地21.2万亩　土地流转信托盈利模式难明》，《证券日报》2014年3月14日。

全世文、胡历芳、曾寅初、朱勇：《论中国农村土地的过度资本化》，《中国农村经济》2018年第7期。

阮小莉、彭嫦燕：《农地流转与农村土地银行互动持续发展模式探析——基于四川省彭州市土地银行实践》，《农业经济问题》2014年第6期。

尚旭东、朱守银：《家庭农村和专业农户大规模农地的"非家庭经营"：行为逻辑、经营成效与政策偏离》，《中国农村经济》2015年第12期。

石晓平、郎海如：《农地经营规模与农业生产率研究综述》，《南京农业大学学报》（社会科学版）2013年第2期。

宋志红：《"土地承包到期后再延长三十年"意味着什么　不意味着什么》，《法制日报》2018年1月31日。

宋志红：《集体经营性建设用地入市改革的三个难点》，《行政管理改革》2015年第5期。

宋志红：《集体经营性建设用地入市试点的三个问题——基于德清、南海、文昌实施办法的规范分析》，《中国国土资源经济》2016年第7期。

孙静：《湄潭县土地改革实验区农村集体经营性建设用地入市研究》，《农业科技与信息》2016年第34期。

陶克强、汪锦秀、潘华根：《让集体资产活起来　嘉兴着力提高农民财产权利》，《嘉兴日报》2013年12月10日。

陶小爱：《长沙数万农户以地入股　成土那个地股份合作社股东》，《湖南日报》2008年10月6日。

田明津、上官彩霞：《工商资本进入农业的动机与政策启示》，《农业科技管理》2017年第4期。

田欧男：《工商企业介入农地经营的风险研究——基于省际面板数据的实证分析》，《社会科学战线》2012年第9期。

田先红、杨华：《税改后农村治理危机酝酿深层次的社会不稳定因素》，《调研世界》2009年第3期。

童璐：《辉隆股份2万亩农地项目料今年盈利》，《证券时报》2014年4月28日。

汪晖、陶然：《论土地发展权转移与交易的"浙江模式"——制度起源、操作模式及其重要含义》，《管理世界》2009年第8期。

汪晖、王兰兰、陶然：《土地发展权转移与交易的中国地方试验——背景、模式、挑战与突破》，《城市规划》2011年第7期。

王炳文：《从委托代理理论视角论继续深化国有企业改革》，《求实》2014年第6期。

王波：《成都邛崃市：全国首创土地流转履约保证保险》，2017年4月25日，人民网（http://sc.people.com.cn/n2/2017/0424/c345509-30082560.html）。

王彩霞：《工商资本下乡与农业规模化生产稳定性研究》，《宏观经济研究》2017年第11期。

王崇敏：《我国农村宅基地使用权取得制度的现代化构建》，《当代法学》2012年第5期。

王国敏、唐虹：《山地丘陵区农地适度规模经营的有效性及其限度——对适度规模经营危害论的一个批判》，《社会科学研究》2014年第6期。

王兰兰、汪晖、陶然：《宅基地拆迁赔偿的地域差异》，《经济理论与经济管理》2012年第7期。

王守军、杨明洪：《农村宅基地使用权地票交易分析》，《财经科学》2009年第4期。

王松涛：《重庆：创新"三权"抵押贷款机制》，2019年9月4日，王亚华、高瑞、孟庆国:《中国农村公共事务治理的危机与响应》,《清华大学学报》(哲学社会科学版)2016年第2期。

王一鸣:《下一步改革重在生产要素市场化》,《经济参考报》2013年10月21日。

王友明:《中国农村土地产权制度的历史变迁》,《中国党史研究》2009年第1期。

王玉波:《农村建设用地入市影响土地财政区域效应》,《经济地理》2016年第5期。

王兆林、杨庆媛、张陌林、藏波:《户籍制度改革中农户土地退出意愿及其影响因素分析》,《中国农村经济》2011年第11期。

温世扬:《集体经营性建设用地"同等入市"的法制革新》,《中国法学》2015年第4期。

温铁军:《土改难破利益格局,同权同价还有很长路》,《新京报》2013年11月16日。

吴福明:《土地收益保证贷款模式仍需完善》,《中国城乡金融报》2013年10月16日。

吴萍:《农村集体经营性建设用地"同等入市"的困境与出路》,《广西社会科学》2016年第1期。

伍振军、林倩茹:《农村集体经营性建设用地的政策演进与学术论争》,《改革》2014年第2期。

夏永辉、何维国、周勤达:《宜城部分农户自愿有偿退出宅基地》,《湖北日报》2015年12月17日。

肖雄、曾佐然:《泸县成功收取第一笔宅基地有偿使用费》,《四川农村日报》2016年4月1日。

徐保根、杨雪锋、陈佳骊:《浙江嘉兴市"两分两换"农村土地整治模式探讨》,《中国土地科学》2011年第1期。

徐珍源、孔祥智:《改革开放30年来农村宅基地制度变迁、评价及展望》,《价格月刊》2009年第8期。

徐宗阳:《资本下乡的社会基础——基于华北地区一个公司型农场的经验研究》,《社会学研究》2016年第5期。

许恒周、吴冠岑、郭玉燕、密长林:《宅基地确权对不同代际农民工宅基地退出意愿影响分析——基于天津248份调查问卷的实证研究》,《资源科学》2013年第7期。

严燕、杨庆媛、张陌林、藏波:《非农就业对农户土地退出意愿影响的实证研究》,《西南大学学报》(自然科学版)2012年第6期。

杨仕省、高咏梅:《重庆地票:成长的烦恼》,《华夏日报》2012年4月2日。

杨晓艳:《吉林省土地收益保证贷款迈向全覆盖》,《吉林日报》2014年5月15日。

姚如青、朱明芬:《产权的模糊和制度的效率——基于1010份样本农户宅基地产权认知的问卷调查》,《浙江学刊》2013年第4期。

叶剑平、蒋妍、丰雷:《中国农村土地流转市场的调查研究——基于2005年17省调查的分析和建议》,《中国农村观察》2006年第4期。

银正宗:《天津市农村宅基地换房推进城市化中的农民利益保护问题研究》,硕士学位论文,天津大学,2011年。

余艳琴、查俊华:《产权残缺与委托代理失效——联产承包责任制下农地制度困境的分析》,《求索》2004年第1期。

喻文莉、陈利根:《农村宅基地使用权制度嬗变的历史考察》,《中国土地科学》2009年第8期。

袁卫:《这一锤,记入浙江改革史册——浙江农村集体经营性建设用地入市的破冰之旅》,《今日浙江》2015年第18期。

岳经纶、陈泳欣:《社会精英融合推动农村社区治理?——来自台湾桃米社区的经验》,《南京社会科学》2016年第5期。

张光辉:《农业规模经营与提高单产并行不悖——与任治君同志商

权》,《经济研究》1996年第1期。

张宏宇:《工商资本参与农地经营利弊分析及政策建议》,《"三农"决策要参》2013年第33期。

张洪松:《两种集体建设用地使用权流转模式的比较分析——基于成都实验的考察》,《理论与改革》2010年第5期。

张静:《关于新中国成立初期农村土地流转问题政策演变的探析》,《中南财经政法大学学报》(双月刊)2008年第5期。

张良悦:《美国的土地发展权与农地保护——城市化进程中农地保护的一种借鉴》,《经济问题探索》2008年第7期。

张怡然、邱道持、李艳、骆东奇、石永明:《农民工进城落户与宅基地退出影响因素分析——基于重庆市开县357份农民工的调查问卷》,《中国软科学》2011年第2期。

张义博:《农村宅基地流转模式探析》,《宏观经济管理》2014年第9期。

张艺雄:《新中国农民负担的阶段性分解与分析》,《中国经济史研究》2004年第3期。

张云华:《国际视野下的土地流转经验》,《中国国土资源报》2013年11月22日。

张云华等:《完善与改革农村宅基地制度研究》,中国农业出版社2011年版。

章合运:《基于成都联建房的农村宅基地联建房产权流动的实践、法律困境与突破》,《中国土地科学》2013年第10期。

赵强军、赵凯:《农户退出宅基地意愿影响因素分析——基于陕西杨凌、武功214家农户的调研》,《广东农业科学》2012年第6期。

志超:《李家屯村开展农村宅基地收费的试点》,《新农业》1990年第6期。

中国金融信息网(http://thinktank.xinhua08.com/a/20190904/1886887.

shtml）。

中国证监会期货监管一部：《订单农业中农户违约风险的解决对策研究》，《证券时报》2013年1月14日。

周波、陈方忠、郑汉涛：《春潮带雨晚来急——来自金寨县农村宅基地制度改革的报道》，《皖西日报》2016年2月14日。

周飞舟、王绍琛：《农民上楼与资本下乡——城镇化的社会学研究》，《中国社会科学》2015年第1期。

周军辉、唐琰、孙浩：《基于城乡统筹的宅基地流转与退出机制研究》，《现代商贸工业》2011年第1期。

周敏、雷国平、李菁：《资本下乡、产权演化与农地流转冲突》，《中国土地科学》2015年第8期。

周其仁：《也谈"土地的社会保障功能"——城乡中国系列评论》，《经济观察报》2013年6月24日。

周其仁：《中国农村改革：国家与土地所有权关系的变化——一个经济制度变迁史的回顾》，《中国社会科学季刊》（香港）1995年第6期。

朱一中、曹裕：《农地非农化过程中的土地增值收益分配研究——基于土地发展权的视角》，《经济地理》2012年第10期。

邹宝玲、罗必良、钟文晶：《农地流转的契约期限选择——威廉姆森分析范式及其实证》，《农业经济问题》2016年第2期。

邹建丰：《超长期土地流转要有"长期利益观"》，《新华日报》2009年12月15日。

邹渠：《规模化种植解开"谁来种田"疑窦》，《四川日报》2013年9月7日。